Dale Carnegie

戴爾·卡耐基

戴爾·卡耐基
Dale Carnegie

王媛媛　包芬芬／譯

人性的弱點

How to Win Friends and Influence People

非凡出版

目錄

3. 贏得他人同意的十二條規則

4. 使人心平氣和地接受批評的九條規則

序　一本行動的書

在 20 世紀的前 35 年間，美國出版商出版了 20 多萬冊各種類別的圖書，其中大多數都枯燥乏味，且銷量平平。最近一家世界知名的大出版社負責人向我坦承，他們的公司雖然有 75 年出版經驗，但每出版 8 本書，仍有 7 本書是虧本的。

既然如此，為甚麼我還要寫這本書呢？即使我寫好了，你又為甚麼要浪費時間來讀它呢？

接下來，我會盡量解答這兩個難題。

從 1912 年開始，我一直在紐約開課，教導成年人。起初，我只開設有關演講的課程，訓練商人和專業人士如何在每天的商業和社交場合中，更清晰、有效和冷靜地表達自己的見解。

然而隨着時間流逝，我發現這些人不僅需要磨練説話技巧，而且亟需掌握與人相處的方法。

我也慢慢意識到，自己同樣需要這樣的訓練。回顧以往我在生活中缺乏這些技巧的種種情形，實在感到震驚。我多麼希望自己在 20 年前就能擁有一本教導我相處之道的書，那將是一本無價之書！

如何與人相處，也許是你面臨的最大問題，假如你是商人，這個問題更是至關重要。即使你是家庭主婦、建築師或工程師，情形也一樣。

數年前，「卡耐基基金會」資助了一項調查和研究，當時獲得了一個重要發現！這個發現後來又經「卡耐基技術學院」證實。據資料顯示，在工商界，約有 15% 的人認為成功取決於自身的技術和知識，而另外 85% 的人則認為這歸功於「人類工程」——即個人品格和領導才能。

幾年來，我每季都在費城工程師協會開辦課程，同時在美國電機工程協會紐約分會開課，總共有 1,500 位以上的工程師參加過我舉辦的講習班。他們前來上課，是因為經過多年來對人際關係的觀察和體會，終於發現獲得最高薪水的工程師，通常不是擁有最多專業知識的人。

約翰．洛克菲勒在其事業的巔峰時期曾經説過：「與人相處的能力，如果也像糖或咖啡一樣可以買到的話，比起光天化日之下的任何東西，我願意為它多付一些錢。」

芝加哥大學和青年會聯合學校進行過一項調查，專門研究成年人究竟需要學習甚麼。這項歷時兩年的調查耗資 2.5 萬美元，最後一站在康涅狄格州的梅里登。這裏是公認的典型美國小鎮，該項調查訪問了所有住在這裏的成年人，要他們回答 156 個問題，比如「你的專業是甚麼？從事甚麼工作？你的教育程度如何？怎樣安排休閒時間？收入多少？有哪些嗜好？目標？困難？最感興趣的是甚麼？」結果顯示成年人最關心的是健康，其次是如何了解別人、如何與人相處、如何討人喜歡、如何讓別人認同自己等諸如此類的想法。

負責這項調查的委員會當時立即決定為梅里登的人提供訓練課程。他們四處尋找適合的教科書，卻發現市面上根本沒有這樣的一本書。後來他們向教育專家求助，問對方是否有滿足這些人需要的書籍。「沒有。」專家斬釘截鐵地回答：「我知道他們需要甚麼，但他們需要的書還沒有寫出來。」

此人所言非虛，因為我花了幾年的時間，也找不到一本實用的人際關係指導手冊。

既然這本書尚未誕生，倒不如我來寫一本，以供教學之用。為了撰寫這本書，我幾乎讀遍了與「人際關係」這個主題相關的資料——報紙專欄、雜誌篇章、法庭記錄、古代哲學家和當代心理學家的著作等。此外，我還聘請了一位訓練有素的研究員，花了一年半跑遍各地圖書館，搜集我之前讀漏的作品。我們鑽研過浩如煙海的名人傳記，嘗試探究不同年代的偉人是如何處理人際關係。從凱撒大帝到愛迪生，逐一細讀這些人的生平事跡，研究他們的日常生活。單單是西奧多·羅斯福一人，我們就看了上百本關於他的傳記。我們下定決心要不惜一切，找出「如何獲得友誼和影響他人」（編按：即本書的英文書名 *How To Win Friends and Influence People*）的任何方法。

本人也拜訪了許多聞名全球的成功人士，如發明家馬可尼和愛迪生、政治領袖富蘭克林・羅斯福、商業巨子歐文・楊、電影明星奇勒基寶和瑪莉・碧福，以及探險家馬丁・詹森，想方設法去挖掘他們處理人際關係的本領。

根據這些材料，我準備了一個名為「如何獲得友誼和影響他人」的教案。沒過多久，我便將之發展成一個半小時的演講。數年來，我一直在紐約「卡耐基學院」的課堂上發表這樣的講話。

除了演講，我還鼓勵學生走出課室，在商業和社交場合中實踐，然後再把其經歷和得到的成果帶回來，告訴班上其他同學，這真是一份有趣的功課！課堂上的人不論男女，全都渴望自我改進，亦享受投入這個全新的學習空間──這是有史以來第一個為成人而設的人際關係實驗室。

開始時，我們只是把一些規則印在明信片般大小的卡紙上。後來，我們改印成大卡紙，然後是單張、小冊子，每一次的篇幅和內容都在不斷增加。15 年過去，當中的經驗和研究便集結成教程，亦造就了這本書。

我在書中寫下的法則，並不是理論或推測。它們如魔法般令人震驚，許多人都因為應用了這些成功法則，大大改變了自己的生活。

一位擁有 314 名員工的公司老闆經常批評和責備員工，後來他參加了以上所說的訓練班，學習了這本書的成功法則，便完全改變了自己的生活哲學。現在，他的企業洋溢着前所未有的忠誠、熱忱和團隊精神，更成功把 314 個「敵人」變成了 314 個朋友。他高興地說：「以前，公司裏沒有一個職員會跟我打招呼，一見到我就會把視線移開。但現在，大家都成了我的好朋友，甚至連守門的管理員也會親切地直呼我的名字。」

這位老闆還同時獲得了更多的利潤和休閒時間。最重要的是，他在事業和家庭上都找到了更多的幸福……許多學員都會為自己從實踐過程中得到不可思議的成果而感到驚奇，有的甚至激動得在星期日打電話給我，因為他們實在等不及要在 48 小時之後，才能在訓練班上報告自身的經歷。

學員當中有不計其數的銷售人員運用了班上教授的法則，使他們的業績驟然提升。許多過往無法獲得的客戶，現在也成了他們的新客戶。公司機構的管理人員亦面臨升職加薪，一位於費城煤氣公司任職的高級職員礙於性格問題，無法與人好好相處，公司本來已有把他降職的打算，但經過這堂課的訓練後，不僅解除了降職的危機，待遇反而變得更好。

在培訓課程結束後會舉辦聚餐，席間許多已婚人士告訴我說，自從他們的另一半參加了這項訓練，家庭變得美滿多了。

一位學員被這些成功法則所鼓動，整個晚上都在和其他學員熱烈討論。直到凌晨 3 點，所有人都回家了，他仍然激動不已，因為他醒覺到自己一直以來所犯的錯誤，同時被眼前的美麗新世界打動，以致興奮得難以入眠。

他是一個笨蛋嗎？錯了。他是一個飽經世故的藝術品經銷商，人脈廣闊，精通三國語言，而且在歐洲的大學獲得了兩個學位。

前幾天，我收到一位德國貴族寫來的信。這封信是在他在橫渡大西洋的輪船上寫的，信中講述自己如何依賴這些成功法則，甚至到達近乎宗教般的狂熱。

另一位畢業於哈佛大學的地毯商人告訴我，經歷 14 個星期的訓練之後，他的得着比 4 年大學所學的知識還要多。荒謬嗎？可笑嗎？不切實際嗎？你想怎樣反駁也可以。我只是將一位保守的哈佛畢業生所說的話照搬過來，沒有加鹽添醋。他是於 1933 年 2 月 23 日星期四晚上，在紐約的耶魯俱樂部面對着約 600 人公開演講這番話的。

著名的哈佛教授威廉．詹姆士說過：「與我們具有的本能相比，我們還處於半夢半醒之間。我們只運用了身體潛能的一小部分資源。人類有許多能力，都被各種限制與習慣糟蹋掉了。」

本書的唯一目的，便是幫你發現和開發這些被「限制與習慣糟蹋掉」的能力。

英國哲學家赫伯特．史賓莎說過：「教育的最大目的並非傳授知識，而是教人行動。」

這是一本行動的書！

戴爾．卡耐基

如何從本書中獲益的九點建議

一、如果你想從本書中得到最大的益處，有一個不可或缺的條件，一個遠比任何原則、任何方法都重要的基本條件。除非你有這個基本要素，否則即使你學會千百條方法也無濟於事。如果你真的有這種天賦，那麼即使不看本書的任何建議，你都能創造奇跡。

這個神奇的條件是甚麼？就是一種深切的渴望學習的慾望，一種提高自己為人處世能力的強烈決心。

如何才能培養這種慾望？始終提醒自己，這些原則對你來說，有多麼重要。向自己描述宏偉的藍圖：掌握它們，就能幫助你過上更富裕、更幸福的生活。不斷地對自己說：「從長遠來看，我平和的內心、我的幸福、我的健康，甚至於我的薪水，很大程度上取決於本書中傳授的古老、明顯和永恆的真理。」

二、首先快速地瀏覽全書，有一個大概的了解。也許你急着看下一本書，請不要這樣做。除非你看書是為了消遣。如果你看書是為了提高自己處理人際關係的能力，那麼請回過頭去，再仔細地閱讀每一章。從長遠來看，這樣才能事半功倍。

三、閱讀本書時，請經常停一停，思考書中的內容。問問自己，如何使用這些原則，應在何時使用。這樣的閱讀方法會幫助你走得更遠。

四、閱讀時，請隨手準備一支紅筆、鉛筆或者鋼筆，當你遇到可以使用的建議時，請在旁邊畫線。如果建議非常好，請在每句話下面畫線，或者用星號標記出來。在書上做標記或者畫線，會使閱讀更加有趣，快速溫習也更加容易。

五、我認識一位女士，在一家大型保險公司擔任辦公室經理達 15 年之久。她每個月都要看一遍公司簽訂的所有合同。是的，日復一日、年復一年地看同樣的合同，為甚麼要這麼做呢？因為經驗告訴她，只有這樣，才能深深地記住合同的條款。

我曾經花了 2 年時間，來寫一本關於公共演講的書，然而，我發現必須經常回顧，這樣才能記得我寫過甚麼。我們遺忘的速度實在太快了！

所以，如果你想從本書中獲得真實而恆久的益處，不要以為粗讀一遍就夠了。仔細閱讀一遍後，每個月你都應抽出幾小時溫習一下。把這本書放在你的書桌上，每天翻翻它。不斷地完善自我，挖掘自己潛藏的可能性。請記住，只有不斷地溫習和應用，才能自然而習慣性地使用這些原則。此外，並無其他方法。

六、蕭伯納說過：「如果你要教一個人去做一件事，那麼他永遠也學不會。」他說得非常正確。學習是一個主動的過程。我們在實踐中學習，所以，如果你想掌握在本書中學到的這些原則，那就實踐一番吧。只要一有機會，就使用這些原則。如果你不加以應用，很快就會忘記。只有實踐過的知識才能記得恒久。

也許你會發現，一直應用這些建議，也不容易。我知道，因為我在寫本書時，也經常能感覺到把這些建議用到所有事上非常困難。所以，在閱讀本書時，請注意你不僅是在獲得信息，你還嘗試着養成新的習慣。是的，你在嘗試一種新的生活方式，這需要時間和毅力以及每天的應用。

所以，常翻翻這本書吧。把這本書當成一本處理人際關係的指導手冊。當你遇到棘手的問題時，不要激動，不要憑着本能的衝動，這通常是錯誤的。打開這本書，回顧你畫線的段落，然後試着用新方法嘗試，你會看到它們奇跡般的效果。

七、每當你妻子發現你違反本書中的某條原則時，給她一點兒錢，作為罰金。這樣可以督促你更好地使用本書。

八、華爾街一家重要銀行的總裁在我的課堂上講過他自我完善的高效系統。這位先生沒上過幾天學，但卻成為美國最重要的金融家之一。他承認，自己成功的主要原因是自製系統的不斷應用。這就是他的做法。以下是他說的原話（我盡量準確地還原出來）：

「數年來，我一直帶着一本小冊子，上面記錄了我所有的約見活動。我的家人從來不在週六的晚上為我安排任何計劃。因為他們知道每週六晚上，我都會花一點兒時間自我反省、回顧和評估。晚餐後，我自己回到房間，打開小冊子，想着本週所有的採訪、討論和會議。然後問自己：

「『我是否做錯了甚麼？我做對了甚麼？怎樣才能有所改善？』

「『從這個經歷中我能得到甚麼教訓？』

「我經常發現，這種每週回顧都讓我不太高興。我為自己的錯誤感到驚訝。當然，隨着時間的流逝，犯的錯誤愈來愈少。有時，這種自省的方法比我試過的其他方法都要管用。

「它提高了我做決定的能力──對我處理人際關係也有很大的幫助。我強烈地推薦它。」

為甚麼我們不用類似的方法，來檢查自己對本書中原則的應用情況呢？如果你這麼做了，會出現兩種後果：

首先，你會發現自己正在接受一個既有趣又珍貴的教育過程。

其次，你會發現自己與人交往的能力有了大幅度的提高。

九、寫日記──記下自己使用這些原則獲得勝利的案例。應該記仔細一些，記下對方的名字、日期和結果，這樣的記錄會激勵你更加努力。許多年後，當某個晚上你翻看這些記錄時，會感覺十分有趣！

為了從本書中得到最大的益處，你應該：

第一，培養自己強烈的慾望，想要掌握這些人際關係的處理原則。

第二，把每一章讀上兩遍，然後再開始學習下一章。

第三，閱讀時，經常停頓下來，問自己如何使用每一條建議。

第四，在每段重點上畫線。

第五，每個月溫習本書。

第六，一有機會，就使用這些原則。把這本書當成能夠解決你日常問題的指導手冊。

第七，當你的妻子或朋友發現你違反了本書中的某條原則時，給他們交點兒罰金，把學習變成輕鬆有趣的遊戲。

第八，每週都要反省，問問自己又犯了哪些錯誤，取得了哪些進步，從中學到了甚麼教訓。

第九，在本書的後面記下自己是如何以及何時使用這些原則的。

與人相處的基本技巧

如果想採蜜，就不要踢翻蜂巢

盡量設身處地去想問題：他為甚麼這樣做？
這比批評和斥責有效得多，同時讓人生出同情、
寬容和仁慈之心。
批評不但不會改變事實，反倒會招致憤恨。

1931 年 5 月 7 日，紐約發生了一宗該市有史以來最轟動的圍捕事件。經過幾星期的追蹤，惡名昭彰的「雙槍手」克羅里終於在他女友位於西尾大道的公寓中落網。150 多名警員和偵探一同參與行動，對克羅里在頂樓的藏身之處展開包圍。他們在屋頂挖了一個洞，試圖用催淚彈把這名殺手給熏出來；又在周圍的建築物架起機關槍。接下來一個多小時，本來十分幽靜的紐約住宅區內，接連不斷地響起砰砰的手槍聲和嗒嗒的機槍聲。克羅里躲在一把堆滿雜物的椅子後面，不斷朝警方開火還擊。上萬名市民目睹着這場驚心動魄的槍戰——這是紐約街頭前所未有、見所未見的畫面。

當克羅里被捕後，警察局局長莫隆尼宣佈，這位持雙槍的惡徒是紐約迄今為止最危險的罪犯之一。局長說：「他殺人，連眼也不眨一下。」

然而，這名「雙槍手」是怎樣評價自己呢？眾所周知，當警方朝公寓開火時，克羅里公開了一封《致相關人士》的信。他在寫這封信的時候，鮮血從傷口中流出，在信紙上留下了一道紅色的血痕。在信中，他寫道：「我的衣服之下有一顆疲憊的心，但這顆心是仁慈的，不會傷害任何人。」

在這之前不久，克羅里和女友開車到長島一條郊外的公路上親熱。一名警員走到他的汽車旁，說：「請讓我看看你的駕駛執照。」克羅里二話不說，直接掏出手槍朝那名警員連開數槍。當警員倒地後，克羅里從車裏跳出來，朝那具倒地的屍體再開一槍。這就是自稱「我的衣服之下有一顆疲憊的心，但這顆心是仁慈的，不會傷害任何人」的兇手。

最後，克羅里被判死刑。當他抵達辛辛監獄的行刑室時，他會說：「這是我殺人的下場嗎？」不會，他只是說：「這是我自衛的結果。」

這個故事的重點在於「雙槍手」克羅里根本不覺得自己做錯了。這種態度非比尋常嗎？未必。請大家聽聽下面這段話：

「我一生中最好的時光都在幫助別人，讓他們獲得些許快樂，甚或過上幸福生活。而回報我的只有惡言惡語，還得四處逃亡。」

這是艾爾・卡邦所說的話。他是美國昔日的頭號公敵——在芝加哥橫行無忌的黑幫頭目。艾爾・卡邦同樣不曾責怪自己，他認為自己樂善好施，是一個不受感激且被世人誤解的大慈善家。

蘇爾茲是紐約最聲名狼藉的惡徒之一，後來在紐約被另一夥歹徒開槍殺死。他生前曾在一次報紙訪問中，提及自己是大眾的恩人。而他真的確信自己是一名大眾恩人。

在這個問題上，我和辛辛監獄的典獄長路易斯・勞斯通過幾次很有意思的信。據他所說，牢裏幾乎沒有一個罪犯認為自己是壞人。他們跟你我一樣是普通人，因此他們會自辯，解釋他們為甚麼會撬開保險箱，為甚麼要扣下扳機。他們多半會用一種看似合乎邏輯的推理，或是單純的詭辯，來為犯下的反社會行為辯解，並理直氣壯地宣稱自己根本不該被關進監獄。

如果艾爾・卡邦、「雙槍手」克羅里、蘇爾茲，以及那些監獄裏的亡命之徒都不曾懺悔，**我們又如何去要求普通人自我反省呢？**

百貨公司創始人約翰・華納梅克爾一度承認：「我在 30 年前就體會到，責怪別人是愚蠢的行為。我不會抱怨上天對智慧分配不均，因為光是克服自身的缺陷，就已經非常困難了。」

華納梅克爾早早學到了這一課，但我卻在這個冷酷的世界跌跌撞撞了三分之一個世紀才領悟出：100 次中有 99 次，都沒有人會責怪自己的錯誤，無論他錯得多麼離譜。

全球著名心理學家史金納以他的實驗證明：在學習方面，因表現良好而得到獎勵的動物，比因表現不良而受到處罰的動物學得快多了，而且能夠記住所學的。從進一步的研究結果顯示，這法則同樣適用於人類。使用批評的方式，並不能夠使人產生恆久的變化，反而經常招致不滿。

另一位偉大的心理學家漢斯・席萊也說過：「我們有多渴望被讚揚，就有多害怕遭指責。」

受批評所引發的憤恨感覺，只能使公司的員工、家人和朋友情緒低落，而對方也不會因應你的批評去改善錯誤。

安全檢查員喬治・約翰斯頓，在奧克拉荷馬州一家工程公司工作。他的職責之一，便是監督在工地工作的員工佩戴安全帽。他說每次看到有人沒戴安全帽，總會帶着官腔告訴對方，必須遵守公司的規定。工人雖然接受了他的糾正，卻滿肚子的不高興，而且常常在他離開以後又摘下安全帽。

於是，他決定採取另一種方法。當他再次發現有人不戴安全帽時，便問對方是不是安全帽戴起來不舒服，或是尺寸不合適；然後用溫和的語調提醒工人，佩戴安全帽是為了保護他們不受傷害，建議工作時一定要戴上。果然，效果比之前好多了，也沒有工人顯得不高興了。

西奧多・羅斯福和塔夫脫總統之間曾發生過一場著名的論戰——那場論戰不僅分裂了共和黨，更直接把威爾遜送入白宮。我們來回顧那段歷史：當羅斯福於 1908 年搬出白宮時，他支持塔夫脫競選總統，然後就到非洲獵獅子去了。可是，當他回來時卻大發雷霆，斥責塔夫脫的保守主義，並有意讓自己獲得第三任的總統提名，於是組成了「公鹿黨」，結果在之後的大選中，幾乎把共和黨弄垮了。塔夫脱和共和黨僅得到兩州的選票——佛蒙特州和猶他州，這是共和黨的空前慘敗。

羅斯福責怪塔夫脱，但塔夫脱有沒有責怪自己呢？當然沒有。他含着淚為自己辯解：「我不知道在當時的情況下，該怎麼做才能做得更好。」

讓我們拿「茶壺山油田」舞弊案來説説吧。還記得這樁醜聞嗎？當時震驚了全個美國，報界有一段很長的時間都在抨擊這件事。在這一代人的記憶裏，美國政壇還沒有發生過類似的事情。那樁醜聞的實情是這樣的：

哈定總統的內政部長赫伯特・胡佛受命主掌政府在埃爾克山丘和茶壺山地區油田的出租事宜——那些油田本來是政府保留給海軍未來使用的。胡佛部長有沒有公開招標呢？沒有。他乾脆把那條件豐腴的合同交給自己的朋友愛德華・杜韓尼。而杜韓尼怎麼做呢？他給了胡佛部長 10 萬美元，美其名為「貸款」。然後，胡佛部長命令海軍進入該區，驅逐其他競爭對手，免得鄰近的油井汲取了埃爾克山丘的原油。這些被武力驅離的油商紛紛衝進法院，才揭發了這樁茶壺山油田舞弊案。事情曝光後鬧得滿城風雨，哈定政府倒台，共和黨也幾乎瓦解了，胡佛亦因而被打入鐵窗。

當時胡佛被罵得狗血淋頭——還沒有一個公務員被斥責得如此淒慘。他後悔了嗎？一點也沒有！多年以後，有人在一次公開演講中暗示哈定總統之死是由於一個朋友背叛了他，使他過度焦慮和擔憂。當胡佛的妻子聽到這番話時，她從椅子上跳起來，痛哭流涕，握緊拳頭，尖聲叫道：「甚麼？胡佛背叛了哈定？才不是！我丈夫從來沒有出賣過任何人。就算整間屋子堆滿黃金，也不能誘惑我丈夫做壞事。他才是被背叛的人。」

你看，人性表露無遺了，做錯事的人只會責怪別人，而不會怪罪自己。人人都是如此。因此當你我想要批評別人時，不要忘了艾爾．卡邦、「雙槍手」克羅里和赫伯特．胡佛。我們要明白，批評就像家鴿，牠們最後總會飛回來的。我們還要明白，我們準備糾正和指責的人，也許會為自己辯解，並反過來責備我們；或者像文雅的塔夫脫那樣說：「我不知道在當時的情況下，該怎麼做才能做得更好。」

1865 年 4 月 15 日早上，林肯在福特戲院被人暗殺，他虛弱地躺在戲院對面一家廉價賓館的臥室裏，命懸一線。林肯那瘦長的身子斜躺在那張鬆垮下陷的床上，床的上方掛着一幅羅莎．波南的名畫《馬市》的廉價複製品，一盞煤氣燈散發出慘淡的光暈。

當林肯奄奄一息地躺着，陸軍部長史丹頓說：「這裏躺着的是人類有史以來最完美的元首。」

林肯為人處世的成功秘訣是甚麼？我對林肯的一生研究了 10 年，然後花了 3 年時間撰寫和潤飾一本叫做《人性的光輝》（*Lincoln the Unknown*）的書。我相信自己已經盡了一切可能，鉅細無遺地鑽研林肯的性格和家庭生活，尤其是他跟別人的相處之道，我更做過特別的研究，可說是前無古人，後無來者。他是否喜歡批評別人？啊，是的。當他在印第安那州那時，年輕的他不僅會批評，還寫信作詩揶揄別人，然後把那些信件丟在容易被人發現的路上。

其中一封信所引起的效果，使他終生難忘。

那是 1842 年的秋天，林肯寫了一封匿名信諷刺一個自負又好鬥的愛爾蘭人，名字叫詹姆斯・史爾茲。信件在《春田時報》上刊出，內容令鎮上的人個個捧腹大笑。史爾茲是一個敏感而驕傲的人，他氣得怒火中燒。當他查出寫這封信的人是誰後，就跳上馬去找林肯，並提出決鬥。林肯不想決鬥，也反對決鬥，可為了自己的榮譽不得不答應。對方給林肯選擇武器的權利，因為林肯的手臂很長，於是他選了騎兵的長劍，還跟一位西點軍校的畢業生學習舞劍。到了約定的那一天，兩人在密西西比河的一個河灘碰面，準備決一死戰。然而，在最後一分鐘，他們的助手趕來阻止了這場生死戰。

這是林肯一生中最可怕的私人恩怨事件。在做人的藝術方面，他從中學到無價的一課。從此以後，他再也沒有寫過一封侮辱別人的信件，亦不再嘲諷任何人了。自那個時候起，他沒有為任何事批評過任何人。

南北戰爭時期，林肯一次又一次委任新的將軍統率部隊，而每一個將軍——麥克萊倫、波普、伯恩塞、胡克、米德——都相繼落敗，使得林肯失望得不停踱步。全國有一半人都在痛罵這些差勁的將軍，但是林肯依然心平氣和，一聲不吭。他最喜歡引用的一句格言是「不要評斷他人，他人才不會評斷你。」

當林肯太太和其他人對南方人士加以指責時，林肯總是說：「不要苛責他們，如果我處在同樣情況下，也會跟他們一樣。」

蓋茨堡戰役發生在 1863 年 7 月的最初三天。到了 7 月 4 日晚上，當李將軍開始向南撤退時，黑雲密佈，大雨傾盆。當他帶着失敗之軍來到波多馬克時，發現前面河水暴漲，無法通行，而大獲全勝的北軍卻在背後步步進逼。李將軍陷入困境，無法逃脫。林肯意識到這是一個天賜的良機——能夠打敗李將軍的軍隊並可立即結束戰爭的絕佳機會。因此，林肯滿懷希望命令米德不要召開軍事會議，反而馬上攻擊李將軍。林肯通過電報下達指令，又派出一名特使去見米德，要求他立刻採取行動。

而米德將軍怎麼做呢？他的做法正好跟接到的命令完全相反。他違反林肯的命令，召開了一次軍事會議。他遲疑不決，一再拖延，還發回電報，舉出各種藉口，目的就是拒絕攻擊李將軍。最後，河水退去，李將軍帶着他的軍隊逃出了波多馬克。

林肯大發雷霆，忍不住向他的兒子羅勃大吼：「這是甚麼意思？老天爺，這究竟是甚麼回事？敵軍已經盡在掌握中，一伸手就能擒獲他們了；但我無論如何費盡唇舌，都無法使軍隊前進一步。在那種情況下，幾乎任何一個將領都可以擊敗李將軍。如果我在那裏的話，我自己就能夠把對方殲滅。」

在痛苦、沮喪之下，林肯坐下來，給米德寫了一封信。別忘了，林肯這段時期用字總是非常謹慎，用詞也十分克制。因此，他在 1863 年寫的這封信，算是相當嚴厲了。信的內容是這樣的：

親愛的將軍：

我相信，你一定沒有意識到李將軍逃脫所引起的嚴重後果。他本來已經在我們的掌握之中，假如當時你能下令繼續進攻，再加上我們近期在其他方面的一些勝利，就可把戰事結束了。現在呢，戰爭可能會無限期地延續下去。如果上星期一你不能十拿九穩地擊潰李將軍，又怎麼在渡河後擊敗他呢？況且你的軍隊人數銳減，只剩下當時的三分之二。我無法指望你能改變形勢；如果還對你抱有期望的話，也是一種不明智的期望。你已錯失良機，我為此深感遺憾。

你猜米德讀到這封信的時候，會有甚麼反應？

米德根本沒有看過這封信，因為林肯沒有寄出去。這封信是在林肯死後，人們從他的文件中發現的。

根據我的猜測，林肯在寫完這封信之後，望向窗外，自言自語：「也許我不應該如此草率地下結論。我安坐在寧靜的白宮裏，命令米德進攻自然是輕而易舉；假如我當時身處蓋茨堡，跟米德一樣目睹過血流成河的戰場，聽到了遍地傷兵的哀號，或許我也會退縮。如果我的性格跟米德一樣的柔弱，我可能會做出相同的抉擇。如今木已成舟，要是我寄出這封信，固然可發洩我的不快，卻會使米德為自己辯護，並反過來責怪我，造成彼此的不快，而且這將有損他身為指揮官的形象，甚至會逼使他辭職。」

因此，就像我之前所說的，林肯把信件擱在一旁，因為他從痛苦的經驗中領悟到，**尖銳的批評和斥責無法扭轉事實。**

西奧多·羅斯福說過，他當總統時，每當遇到棘手的問題，就會往後一靠，抬頭望望懸掛在辦公桌上那張林肯的巨幅畫像，撫心自問：「如果林肯在我這種情況下，他將怎麼做？他會如何解決這個問題？」

馬克·吐溫經常大發脾氣，寫的信火氣之大足以把信紙燒焦。例如他曾給一位激怒自己的人寫信說：「你需要一張死亡埋葬許可證。只要你開口，我一定會協助你弄到這份文件。」又有一次，他寫信給一位編輯，提到一名校對員試圖「改正我的拼寫和標點」，他命令道：「此後必須按照我的原稿去做，還要提醒那個校對員把建議留在他那腐朽的腦子裏吧！」

寫這些刻薄的信，很讓馬克·吐溫感到痛快。這樣既可讓他出一口氣，而這些信亦沒有造成任何實際傷害——因為他的妻子會悄悄地抽起這些信件，永遠不會寄出去。

你是否想勸某些人改掉一些壞習慣呢？好極了，棒極啦，我完全贊同。但**為何不從你自己開始呢？**

從一個純粹自私的觀點來說，改進自己比改變別人獲益更多——是的，而且你所冒的風險也少得多了。

白朗寧曾經說：「當一個人先從自己的內心開始奮鬥，他就是個有價值的人。」

正如強森博士所說：「在末日來臨之前，上帝也不打算審判人！」

你我又有為甚麼想批評別人呢？

卡耐基心得 Dale Carnegie's Tip

受批評所引發的憤恨感覺，只能使公司的員工、家人和朋友情緒低落，而對方也不會因應你的批評去改善錯誤。

真誠地讚美別人

在日常生活中，最容易忽略讚美。
讓我們去研究別人的優點，給人以由衷的讚美。
人們對你所講的話才會加倍珍視，
即使你已忘掉說過甚麼，他們依然會把你的話銘記於心。

世上只有一種方法可以驅使人心甘情願去做任何事情。你相信嗎？是的，這是唯一的方法。

當然，你可以用手槍指着別人的頭，那人會乖乖把手錶交給你；你也可以用解僱作為威脅，要求員工好好合作；你還可以用暴力或恐嚇，讓一個孩子聽聽話話。然而，這些粗魯的方式帶來的效果，往往會適得其反。

讓別人去做任何事情的唯一方法，就是給予對方需要的。

你需要些甚麼？心理學家佛洛伊德認為，舉凡你我所做的事，都出於兩種動機：一、性的衝動；二、成為偉大人物的慾望。哲學家杜威的見解稍有不同，他相信人性中最本能的衝動，是成為重要人物的慾望。

提起需要，你可能會想到許多東西。可是我們真正需要的，而且值得我們終身追求的，任何人都想擁有的，暫列出如下：

1、延續生命的健康。

2、維持生命的食物。

3、足夠的睡眠。

4、金錢和金錢能購買的物質。

5、未來人生的保障。

6、性滿足。

7、子女的平安。

8、名聲、榮譽、社會地位，即人類的自尊。

其中好些慾望，都是最原始、最純粹的需求，可是有一種慾望往往很難得到滿足，那就是佛洛伊德所說的「成為偉大人物的慾望」，也是杜威所說的「成為重要人物的慾望」。

林肯曾在一封信開門見山地寫道：「每個人都喜歡被人表揚。」威廉・詹姆士也說過：「人類天性中極為重要的一點，就是渴求受人重視。」他並沒有說「希望」或者「渴望」，而是用「渴求」一詞反映人類最真切的願望。

這是一種既深邃，又亟待解決的人類飢渴問題。**能由衷地**

滿足這種飢渴的人，就可以將他人掌握於股掌之中。

人類和動物之間一項重要的區別，就是人類有備受尊重的慾望。以我自己為例，我小時候住在密蘇里州的鄉下，父親的牧場裏飼養了一種品種優良的豬和一種臉是白色的牛，後來我們在牲畜展覽會上展出那些良種豬和白臉牛，還多次獲得一等獎。

當親朋好友來我們家時，父親就會把藍緞帶的獎章用針別在一條白布上，然後端出這條白布來，着我握着一邊，他拿着另一邊，將獲頭獎的藍緞帶展示給客人觀賞。

那些豬和牛可不在意牠們獲得甚麼藍緞帶，可是父親卻非常看重，因為這些獎項給他帶來一種「備受尊重」的感覺。

假若我們的祖先沒有自尊感這種強烈的推動力，人類將不會發展出任何文明，甚至跟動物沒甚麼區別。

希望得到尊重的慾望，曾激發起一個未受過良好教育，在一間雜貨店上班的窮店員，用他僅有的金錢買來幾本法律書籍，並痛下決心去研讀它們。或許你也聽說過這個店員，他就是林肯。

渴望被尊重是一種非常強烈的慾望，它使狄更斯寫下不朽的名著，使雷恩爵士完成偉大的建築設計，使洛克菲勒創造出他畢生都花不完的財富。

同樣因為這種慾望，使你穿上最漂亮的服飾，駕駛最豪華的汽車，炫耀你那聰明伶俐的孩子。

也正正是這種慾望，使許多青少年走上犯罪之路。時任紐約警察局局長莫隆尼説過：「今時今日的年輕罪犯都在盲目地追求虛名，在被逮捕之後，他們的第一個要求就是閱讀那些把他們渲染成英雄的報紙。當他們看到自己的相片與名人的報道擠在同一個報紙版面，甚至會感到沾沾自喜，根本沒想到隨之而來的牢獄之災。」

洛克菲勒捐款給中國北京建造一所先進的醫院，惠及許多素未謀面也永不見面的貧民，他通過這種方式獲得尊重。若你告訴我，你藉以取得尊重的方法，那我就能判斷你是一個怎樣的人。因為這往往決定了你的性格，亦是你最顯著的特質。

至於狄林傑之所以會搶劫銀行、謀財害命，其實也是在滿足自己的自尊感。當警察追捕他時，狄林傑闖進一個農民家裏，以自己的惡為榮，大聲呼喊：「我是狄林傑……我不會傷害你們，我就是狄林傑！」

是的，洛克菲勒與狄林傑最大的區別，在於他們藉以獲取別人尊重的方式有所不同。

歷史上有很多名人更因自尊感作祟，做出一些可笑的事：華盛頓巴不得有人稱他為最偉大的美國總統；哥倫布更向皇室提出，希望能得到「海軍元帥」和「印度總督」的頭銜；女沙皇凱薩琳拒絕拆看那些沒有尊稱她為「女皇陛下」的信件；林肯夫人在白宮像頭母老虎一樣，向格蘭特夫人吼叫：「我還未叫你坐下，你竟敢在我面前坐下？」

還有一些富翁資助了柏德將軍到南極探險，卻有一個附帶條件，那就是：冰山要以他們的名字來命名；作家維克多·雨果更希望巴黎可改稱為他的名字。

有時候，人們會為了博取同情和關注，以及得到被人尊重的感覺而故意裝病，譬如麥金利夫人就曾迫使她的丈夫——當時的美國總統——拋下國家大事，留在她身邊擁抱她、安慰她，直到她入眠。她又試過要求丈夫陪她看牙醫，藉此滿足她治療時那副楚楚可憐的模樣被注視着的願望。有一次，總統與國務卿約翰有約，不得不讓她獨留在牙醫那裏，這使得她悖然大怒。

女作家萊因哈特告訴過我，有一位能幹的少婦為了感覺備受重視而生病。萊因哈特說：「她躺在床上足足有 10 年，她年邁的母親每天都奔波勞碌地照料她。後來，母親由於過度操勞，不幸死去，臥病在床的她沮喪了數星期，終於起床穿衣服，病痛也從此消失了。」

有些專家宣稱，在幻覺裏尋求冷酷現實中得不到的尊重感，人可能真的會瘋掉。在美國一些醫院中，患精神病的人數甚至比其他疾病的患者總數還要多。

人為甚麼會精神失常呢？

我猜沒人能準確地回答，不過我們知道某些疾病會損害腦細胞，從而導致精神病，例如性病。事實上，有半數精神病患者的確可歸咎腦部受損、酗酒、吸毒等生理原因；但令人震驚的是，另外一半人的腦細胞功能根本沒有問題。這類患者的檢驗報告已經證實：他們的腦細胞組織跟常人一樣健全。但這些人為甚麼還會患上精神病呢？

帶着這個疑問，我接觸了一位精神病院的主治醫師，這位學識淵博的醫師曾獲得此領域的最高榮譽。他不諱言地告訴我，自己其實也不知道人們精神錯亂的原因，還說：「許多患精神病的人在發病時，能找到在真實世界中無法滿足的自重感。」然後，他跟我說了一個故事：

我有一個病人，她的婚姻簡直是一場悲劇。她渴望得到愛、孩子和名譽，可現實無法賦予她這一切。她丈夫並不愛她，更拒絕和她一起吃飯，還強迫她把飯菜端到樓上的書房，讓他獨自用餐。種種刺激終於把她逼瘋了，最後住進了醫院。她每天活在幻影之中，以為自己已經和丈夫離婚，恢復了之前的姓氏。現在，她相信自己嫁給了一位貴族，堅持要人家叫她史密斯夫人。而她朝思暮想的孩子，也在幻想中出現了。每次我去看她，她都對我說：「醫生，我昨晚又生了一個孩子。」

這個故事算不算悲慘？我不清楚。那位醫師這樣跟我說：「就算我能夠治癒她的病，讓她恢復清醒狀態，我也不願意那麼做，因為現在的她似乎獲得了她真正期待的幸福。」

一般來說，患精神病的人好像比我們都要快樂——他們在幻想中解決了所有問題，更可以隨手給你簽下一張 100 萬美元的支票，或者給你一封介紹信，引薦你去見某個名人，他們在自己創造的夢境中找到了心目中的自重感，這樣就足夠了。

若人對自我被尊重的感覺如此飢渴，甚至導致精神失常，**那麼我們在人還未發瘋前，就給對方一些最真摯的讚美**，這又會誕生出怎樣的奇跡呢？

據我所知：歷史上年薪超過 100 萬美元的人只有兩個，那就是克萊斯勒和司華伯。（當時，年薪 3 萬美元就已經很不錯了。）

司華伯憑甚麼要安德魯．卡耐基付 100 萬美元的年薪？難道司華伯是個非常優秀的天才？不。那麼是因為他有特殊的煉鋼技術？答案仍是否定的。

司華伯告訴過我，許多下屬都比他更了解鋼鐵製造。至於他的薪水這麼高，是因為他能妥善地處理人際關係。我曾問他是怎麼做的呢？他親口回答——我想這些話應該鐫刻在能永久保存的銅牌上，懸掛在全國每個家庭、學校、商店、辦公室，讓孩子從小就牢牢記住。假如大家能夠按照這些話去做的話，一定能改變你我的人生，而且是跟過去截然不同：

「在人群中，我總有能力激發他們潛在的熱忱，那是我最大的資本，而充分發揮每個人最大潛能的方法，就是讚揚和鼓勵。」

接着，他又說：「世上最輕易摧毀一個人意志的武器，就是上司對他工作的否定。因此，我從不批評任何人，我只會鼓勵他們。相比起吹毛求疵，我更喜歡稱讚對方。假如問我還有甚麼喜好，那就是真誠地讚許別人。」

這就是司華伯的處世藝術，也正是他與眾不同的地方。一般人的習慣是不喜歡一件事，便會雞蛋裏挑骨頭；要是真的喜歡，反而閉口不談。就像俗語所說：「好事不出門，醜事傳千里。」

司華伯還說：「在我這一生中，曾與世界各地的不同人士相處交往，當中還未發現一個人在備受批評和打擊的情況下，比在被讚美的狀態下工作更為有效——無論他的事業多麼成功，地位多麼崇高。」

他所說的正是安德魯．卡耐基成功的關鍵因素。

卡耐基並非只在私底下讚美他人，在所有公開場合，他都不吝稱讚自己的工作夥伴，就連自己的墓碑也在稱讚他的搭檔：「在此處長眠的人，懂得如何與比他能幹的人相處。」

由衷的讚美，也是洛克菲勒事業成功的秘訣之一。他的合夥人貝德福在投資南美市場時，搞砸了一宗買賣，令公司虧損了 100 萬美元，但洛克菲勒並沒有批評和指責他，甚至沒說過一句重話。

他知道貝德福已竭盡所能，而且事情都過去了，所以洛克菲勒還是找出一些值得表揚的事來，稱讚貝德福保住了投資金額的 60%。「這算不錯了，我們做的事可不會一直盡如人意。」

一位成就驚人且在百老匯最耀眼的歌舞劇家——齊格菲，具有一種能力，就是發掘出一些毫不起眼的女子，再將她塑造成在舞台上大放異彩的明星。齊格菲深信發自內心的欣賞，能令女子變得更加美麗。他先給歌女加薪，由原先的每週 30 美元，增加至 175 美元。他也很有風度，總會在福利斯歌舞劇的開幕之夜，給劇中明星發出賀電，還為每位表演者送上一枝漂亮的玫瑰花。

我曾一度迷上當時流行的絕食活動，試過 6 個晝夜不吃不喝。事實上，這樣做並不難，而且到了第 6 天，反而覺得還不如第 2 天餓。我們當然知道，如果有人 6 天不讓家人或員工吃東西，那就是犯罪。可是，他們卻會 6 天、6 週，甚或 60 年都不給予家人和員工期望得到，如同食物一樣重要的讚美之言。

當年，在歌舞劇《重聚維也納》（*Reunion in Vienna*）中擔任主角的男演員愛爾法利特．倫脫曾經說過：「我最需要的東西，不是別的，而是自我尊嚴的滋養。」

我們給予孩子、朋友和員工身體所需的營養，卻鮮少滋養他們的尊嚴。我們供給對方牛扒、薯仔來維持體能，可偏偏忽略了表揚他們。

有些讀者看到這些話可能會不屑一顧地說：「阿諛奉承！油腔滑調！我早就試過了，這對那些受過教育的知識分子是毫無用處的。」說得對，拍馬屁騙不了人，膚淺、自私和虛偽，那注定要失敗，而且經常會失敗。然而，那些打從心底的讚美，實在令人趨之若鶩。

我舉個例子，許多人無法駕馭愛情，孤獨終老，而第文尼兄弟卻是例外。兄弟當中，一個與著名的歌劇演員結婚，另一位則與擁有數百萬身家的艾頓共諧連理。你一定很好奇，他們是如何做到的？

《自由》雜誌曾這樣報道：「妮格雷是一位藝術家，她善於識別男人。有一回她向我解釋：『第文尼兄弟了解讚美的藝術，而且做得比任何男人都要成功。』這讚美的藝術，現在似乎被人遺忘了，實質重要得很。第文尼兄弟之於女人的魅力，或許就是建基於此。」

讚美與獻媚的區別在於——讚美出於真誠，而獻媚源自虛偽；一個真心真意，另一個虛情假意；一個發自肺腑，另一個只是嘴上説説；一個是無私的，另一個卻是自私的；一個深受歡迎，另一個人皆厭棄。

最近，我去了一趟墨西哥城的吉伯爾鐵皮克宮，看到墨西哥英雄阿伯利根將軍的半身像，雕像底座銘刻着阿伯利根將軍的名言：「別怕那些攻擊你的敵人，倒要提防那些奉承你的朋友。」

不！不！我並不是鼓勵人去獻媚、去恭維！那跟我的初衷相去甚遠，我是在講一種生活的藝術，一種全新的生活方式。英皇喬治五世有六條人生格言，並掛在白金漢宮的書房牆上。其中一條是：「教我不要接受廉價的讚美。」此處「廉價的讚美」，正是指奉承。我還看過一句關於奉承的話，值得在此重溫一下：「獻媚是告訴別人，自己有多貪得無厭。」

利夫華爾特·愛默生説過：「獻媚，不管使用甚麼語言，要說的始終離不開自己的最終目的。」

假如我們做的僅僅是阿諛奉承，那麼任何人都能學會，並且成為人際關係學專家。

當我們不用思考明確的問題時，我們常會用 95% 的時間來考慮自己。如果我們不再關注自我，**那不妨開始想想別人的優點**，使我們不必一張口便說些虛假的恭維之辭。

愛默生說：「我遇見的每一個人，或多或少是我的老師，因為我從他們身上學到一些事。」

他的見解發人深省，值得大家重視。請各位稍稍停止思考自己，讓我們去研究別人的優點，把對人的恭維獻媚統統忘掉，給人以由衷、誠懇的讚美，那麼人們才會對你講的話加倍珍視，即使你已忘掉說過甚麼，他們依然會把你的話銘記於心。

在你每天的生活中，別忘了為人間留下一點讚美的溫馨，這一點小火花會燃起友誼的火焰。

世上只有一種方法可以驅使人去做任何事情，就是給予對方需要的。

卡耐基心得 Dale Carnegie's Tip

讓我們去研究別人的優點，把對人的恭維獻媚統統忘掉，給人以由衷、誠懇的讚美。

喚醒他人心中的渴望

一個能為他人設想，理解他人看法的人，
永遠不必為自己的前途擔憂。

每年夏天，我都會去緬因州釣魚。我個人很喜歡草莓和忌廉，但我發現魚兒更愛吃小蟲。因此，當我去釣魚時，我不必準備自己想吃的東西，只須帶上魚兒喜歡的食物。我不會把草莓和忌廉當作魚餌，而是在魚兒面前垂下一隻小蟲或蚱蜢，問：「你想吃吃這個嗎？」

當你「釣」別人的時候，為甚麼不同樣使用這種常識呢？

這就是英國首相理羅．喬治所採取的方式。常有人問，當所有戰時的領導人物──威爾遜、奧蘭多、克雷蒙梭──都相繼下台，他為何仍然掌握大權。他回答道：「我一直在位的原因只有一個，那就是在釣魚時，問問魚兒想吃甚麼。」

為甚麼要談及想要甚麼？這是孩子氣的荒謬想法。當然，人們向來關注自己的需求，而且會一直關注下去，但是別人卻對你的需求沒興趣。無他的，其他人都像你一樣：只關注自己的需求。

因此，**世上唯一能影響別人的方法，就是談論他們需要甚麼，告訴他們怎樣得到。**記住這點！當你想別人去做某件事時，譬如說，假如你希望孩子不要抽煙，千萬別跟他講甚麼大道理，反而讓孩子明白，抽煙會使他無法加入籃球隊或贏得百米賽跑冠軍。

無論你是跟孩子打交道，還是對付小牛或黑猩猩，這招都很管用。舉例來說：有一天，愛默生和他兒子想把一頭小牛趕進牛棚，卻犯了一個一般人常犯的錯誤──只顧自己的需求。愛默生在後面推，他兒子在前面拉，小牛仍然紋風不動，兩人都感到無可奈何，但他們家的女傭竟能將這頭小牛輕易引入牛棚。

女傭雖不會著書立說，但至少在這一次，她比愛默生擁有更多關於飼養牲畜的知識。她想到了那頭小牛需要甚麼，然後把自己的拇指放在小牛嘴裏，讓小牛吮着手指，同時將牠引進牛棚裏。

打從你出生那刻起，你的所作所為，都是源於自身的需求。你捐 100 美元給紅十字會，是因為你想助人一臂之力，亦是因為你想做一個美麗、無私、神聖的善舉。

如果你對行善的願望還不如你對金錢的慾望，那便不會捐款了。當然，你捐款可能是為了滿足客戶的請求，或只是不好意思拒絕別人。但有一點是毋庸置疑的：你捐款是因為你有所需求。

奧佛瑞教授在他的著作《影響人類的行為》(*Influencing Human Behavior*)中寫道:「行動源於我們最基本的慾望……我所能給予的最佳忠告:不論在商界、家庭中、學校裏、政治上,請先喚醒他人心中的慾望。能為者可掌握世界,不能為者將寸步難行。」

安德魯·卡耐基本是個一貧如洗的少年,他開始工作時,每小時只能掙兩分錢,後來竟能捐出 3.65 億美元,這是因為他早就掌握到影響別人的唯一方法,那就是以對方的需求為先。雖說他只上過學 4 年,卻學懂了如何對待別人。

舉個例説,他嫂嫂的兩個孩子就讀於耶魯大學,兩人都因忙於學業而沒有寫信回家,也沒有理會母親寄去的信件,使嫂嫂擔憂得不得了。卡耐基知道這件事後,提議以 100 美元打賭,他不必要求回信,也可以獲得回音。有人願意跟他打賭,於是他隨意寫了封信給兩個侄兒,還在信末附帶一句,將會給每人送上 5 美元。不過,他並沒有把鈔票隨信寄出。不久,兩個侄兒回信了,感謝「親愛的安德魯叔叔」——你可以猜出下一句是甚麼了吧。

俄亥俄州克利夫蘭市的史坦·諾瓦克是我班上的一位學生,他為我提供了一個極具説服力的例子。

一天,史坦下班回家,發現他的小兒子第米躺在客廳的地板上又哭又鬧。第米明天就要開始上幼稚園,可是他在鬧脾氣,怎麼也不肯去。要是在平時,史坦通常會把孩子趕到房間去,讓他自己想通除了去幼稚園,根本沒有別的選擇。但當晚,史坦知道這樣做無法使第米心甘情願上學，於是史坦和太太坐下來細想：「如果我是第米，甚麼能吸引我高高興興地上幼稚園呢？」於是，兩人列出所有第米在幼稚園會喜歡做的事情，例如用手指畫畫、唱歌、交新朋友，然後採取行動：

我和太太莉莉，還有另一個兒子鮑布，開始在廚房的桌子上畫手指畫，而且玩得饒有趣味。不一會，第米就從牆角偷看，還要求參加。「不行，你得先到幼稚園學習怎樣畫手指畫。」然後我以最大的耐心，用他能夠聽懂的話，把我和太太列在表上的事項逐一告訴第米，讓他明白在幼稚園可得到的樂趣。翌日早上，我以為自己是全家最早起床的人，怎料下樓時，發現第米在客廳的椅子上坐着睡了一夜。我問他：「你怎麼睡在這兒呢？」第米回答：「我等着去幼稚園，不想遲到呢。」全家的熱忱已在第米內心引起了一種亟欲得到的需要，而這是透過討論、威脅或恐嚇無法得到的效果。

明天，若你想説服別人做某件事情，那麼開口之前，先停下來自問：「我該怎樣做才能使對方心甘情願地做這件事呢？」

這個問題至少可讓我們不會貿然衝到對方面前，喋喋不休地談論自己的願望。

為了舉辦演講，不久前我向紐約某家酒店租用大舞廳，每個季度使用 20 個晚上。

在某一季度即將開始時，我突然接到通知，此後我必須付比以前高出 3 倍的租金。當時演講門票早就印好並發出去，而且所有消息都已經公佈了。

我當然不想支付這筆增加了的租金，可是跟酒店職員大談我不想甚麼又有何用？他們只對自己的需求感興趣而已。幾天之後，我去了見酒店的經理。

「收到你的通知時，我真有點吃驚。」我說，「但我並不怪你，畢竟你身為酒店經理，有責任盡可能地增加收入。若然你不這麼做，有可能會被解僱。假如我是你，大概也會做出同樣的決定。如果你堅持提高租金的話，那麼我們一起把租金上漲的利弊羅列出來吧。」

接着，我拿出一張紙來，在中間畫一條線，一欄寫着「利」，另一欄寫上「弊」。

在「利」的那一欄，我寫下「舞廳空下來。」接着解釋：「這樣的好處是可把舞廳租給別人開舞會或辦聚會。這是一個很大的優勢，因為這類活動會比租給人家講課的收入高很多。如果每個季度我都佔用舞廳 20 天，對你來說的確是一筆不小的損失。」

現在，讓我們看一下壞處。「首先，你的收入會降低，因為我支付不起你提高的租金，不得不另找地方開課，使你連原來的收入也沒了。」

還有一個壞處：「我的課程讓眾多受過教育的上流人士光臨這家酒店，這是一個很好的宣傳機會，不是嗎？即使你花 5,000

美元在報上登廣告，也未必能吸引這麼多人到酒店來。這對酒店來說很有價值，對不對？」

我一邊說，一邊寫下這兩個壞處，並把紙遞給酒店經理，說：「請好好考慮一下利弊，然後告訴我你的最後決定。」

第二天我便收到一封信，通知我租金只漲 50%，而不是原來的 300%。請注意，過程中我絲毫未提及自己的需求。我一直在考慮對方的需求，以及如何能獲得滿足。

假設我如一般人所做的，怒氣沖沖地直衝到他辦公室，質問：「你明知道門票已經印好，通知也發出去了，現在竟然要我付 3 倍租金，你這是甚麼意思？增加 3 倍，豈有此理，太荒謬了！我不付！」

那情形會怎樣呢？一場爭論將會如火如荼地展開，而你也知道爭論會帶來甚麼後果——即使我讓他明白自己做錯了，**對方的自尊心也不允許他妥協和讓步。**

關於做人處世，亨利．福特有一句至理名言：「成功只有一個秘訣，那就是了解對方的觀點，從彼此的立場去看問題。」這段話說得實在太好了。

其實，有很多專業人士也常犯同樣的錯誤。好幾年前，我走進費城一位著名鼻喉科專家的診所，他竟然在檢查我的扁桃腺之前，先問我從事甚麼職業。他顯然對我的扁桃腺大小不感興趣，而是關心我錢包的大小；他並非想着如何治療我，而是能從我這兒得到多少錢。結果呢，他甚麼都得不到。我蔑視他的人格，離開了診所。

世界上充斥着自私和貪婪的人，只有極少數無私的人願意真心幫助別人。那些人雖然為數不多，卻常會得到不錯的回報，因為他們沒太多競爭對手。歐文梅說：「一個能為他人設想，理解他人看法的人，永遠不必為自己的前途擔憂。」**順着別人的思路，站在對方的立場上考慮事情**——如果你能從書中學到這點，它將會變成你事業的基石。

從他人的立場看待問題，激發對方迫切地想要某項事物，我並不是說要操縱這個人，或讓對方做出有利於你而對自身不利的事，而是讓雙方各有得益。

羅德島州瓦魏克市的麥克．魏登就是最佳例子。他是蜆殼石油公司的一名地區推銷員，一直希望成為自己所屬區域內業績最好的推銷員，但有一處加油站卻拖了他的後腿。

那處加油站的衛生狀況欠佳，以致汽油銷量大為降低。該站由一位老人擔任經理，不論麥克怎樣請求這位老人好好打掃，對方就是不理會。經過多番勸告和誠懇對話後仍不奏效，於是麥克決定帶老人參觀他管轄區域內一處最新的加油站。

結果，老人對新加油站的設施留下了深刻印象，當麥克再次拜訪他時，加油站煥然一新，變得整潔乾淨，連帶汽油的銷量也提高了不少，這使得麥克成功達到業績第一的目標。麥克過去想盡、費盡口舌都沒有半點用，但向老人展示新加油站後，卻激發起對方內心迫切的需要，致使他達成目標，老人也得到了好處。

許多大學生都熟讀羅馬詩人維吉爾的詩歌，也精通微積分，卻從來沒搞懂人的大腦是如何運轉。有一次，我為一批即將到空調製造商開利公司工作的大學畢業生講授「有效的演講」。其間，一個大學生想邀請其他同學去打籃球，他是這樣說的：「我希望大家可以來打打籃球。我非常喜歡打籃球，可是最近幾次到體育館去，都因為人數不夠而沒辦法比賽。前天晚上只來了兩三個人，我們唯有投籃吧，結果我撞瘀了眼睛。我很想打籃球，希望你們明晚能夠過來。」

對話中有沒有提到任何別人需要的東西？其他人都不去體育館，你也不願意去吧？你不關心他想做甚麼，只求自己不用被撞瘀眼睛。

這番話並沒有讓人看出該如何善用體育館，以達到自己想要的目的。他大可以告訴你，到籃球場運動會讓你精力充沛、胃口大開、大腦放鬆，而進行籃球比賽是如何樂趣無窮。

在此重複一下奧佛瑞教授那充滿啟發性的忠告：「請先喚醒他人心中的慾望。能為者可掌握世界，不能為者將寸步難行。」

接下來，本篇將會轉載一封被稱為「創造奇跡的信」。坦白告訴你，這個描述並不算準確，因為它把事實輕描淡寫了——這封信獲得的效果，甚至比奇跡還高兩倍。這是誰下的評斷呢？肯．戴克。戴克是美國在擴展營業方面最有名的人士之一，曾是約翰．蒙維爾公司的業務拓展部經理，目前是柯格特．

鮑幕理公司的廣告宣傳部經理，以及全國廣告業協會的主席。

戴克先生說，過去要求經銷商提供資料的信函一般可得到5-8%回信率；如果能得到15%的回信，已經相當了不起；假如達到20%，那簡直是奇跡了。

可是印在本篇的一封信卻獲得42.2%回信率，換句話說，這比奇跡還要高兩倍。我是認真的，這封信獲得的效果並不是偶然，因為戴克寫過許多封信都擁有相同效果。

戴克是怎麼辦到的呢？來看看他的解釋：「我上了卡耐基先生有關『做人處世』的課程後，明白自己過去寫信的方式完全錯了，並嘗試運用本書所說的法則——結果我發出去索取資料的信件，馬上有了驚人的迴響，獲得的效果增加了5至8倍。」

以下就是那封信，信中提到請求對方幫忙，這使收信人內心舒暢——因為這個請求讓對方有一種地位重要的感覺。

括弧內是我的評語。

布朗克先生大鑒：

在下正面臨一項難題，特不揣冒昧，懇請閣下給予協助。

（我們先來看看整個情勢：亞利桑那州的一位木材經銷商，接到約翰．蒙維爾公司一位高級主管的信；在信中的第一行，這位高級主管竟然請他幫個忙。我可以想像，那位經銷商一定會對自己說：「呵，如果在紐約的這個傢伙有困難，他總算找對人了，我向來樂於助人，讓我來看看他究竟有甚麼困難。」）

去年，在下成功讓本公司明白，若要增加我們的經銷商翻修屋頂的業務，最需要的是在本公司全數資助下，展開一項全年度向客戶直接發函推廣的計劃。此舉已獲公司同意，並開始實施，想閣下必已知悉。

（那位經銷商或許會說：「他們當然該付這筆錢，大部分利潤都給他們吃去了。他們賺了幾百萬元，而我只賺到一點零頭，連付房租也不夠……困難究竟是甚麼呢？」）

在下較早前寄了一份調查表給參加這項計劃的 1,600 家經銷商，得到好幾百份答覆，結果顯示參加者非常喜歡這種合作方式，並同意此舉非常有效。對於他們能夠撥冗函覆，在下覺得非常榮幸。

為了拓展業務，本公司最近有意再度展開此項計劃，想閣下必當樂聞。惟今晨總經理召見在下，討論去年的計劃報告，並指示在下要對去年的營業情形做進一步調查。如此，在下勢必麻煩閣下，請惠予協助，以便在下能呈覆總經理。

（「在下勢必麻煩閣下，請惠予協助，以便在下能呈覆總經理。」這幾句話說得很好，戴克並沒有花時間吹噓公司有多重要，還很快就表明他必須依靠對方。他幾乎坦承那位經銷商地位的重要性，並表明如果沒有那位經銷商的協助，他就沒辦法呈覆總經理。對方既然是人，自然喜歡聽到這樣的話。）

所麻煩閣下者：

1、請在附上的郵卡上，將閣下認為是因去年寄函推廣計劃而獲得的房頂工程及翻修房頂工程數目列出來。

2、請將它們的估計總值（根據全部成本，請力求正確）惠予明示。

如蒙閣下惠助，示在下上述兩項資料，在下將感激不盡。

敬頌宏圖大展。

業務拓展部經理肯・戴克敬上

（請注意戴克在最後一段，如何小心翼翼地說「在下」，又如何尊敬地說「閣下」，以及如何表達「如蒙惠助」、「感激不盡」。）

信很簡單，對不對？但由於用上謙辭請對方提供協助，使人有一種成為重要人物的感覺，就創造出奇跡來。

不管你是推銷石棉屋頂，或是乘一輛福特汽車在歐洲自駕遊，只要運用這種心理學，一定會獲得效果。

我班上有一位學生，為他的小兒子擔心得很。那個孩子很瘦弱，又不肯好好進食。父母採取的是一般人常用的手段：呵責、囉嗦。

孩子有理會父母嗎？稍有常識的人，也不會期望一個 3 歲小孩對 30 多歲的父親的觀點有任何反應。可這位父親卻有所期待，真是荒謬。最後，他終於意識到這一點，於是對自己說：「孩子要的是甚麼呢？我怎樣才能把我所需的變成他的需要？」

當他開始這麼思考時，事情就容易多了。小兒子有一輛三輪腳踏車，他很喜歡在家門前的行人道上騎來騎去。在他家附近有一個壯實一點的大孩子，總是把小兒子拉下來，把腳踏車搶去騎。

當然，小兒子會哭着跑回家告訴母親，母親便會立即出門，把腳踏車要回來，讓自己的小孩繼續騎。但這種情況，每天都在發生。

小兒子要的是甚麼？即使不是福爾摩斯，也知道答案。他的自尊、憤怒、渴望備受重視的感覺——心中所有最強烈的情緒——驅使他還以顏色，把那個壞蛋的鼻子打歪。這時父親告訴他，如果他肯吃母親希望自己吃的食物，就會快高長大，終有一天可以打敗那個壞蛋。當父親向他保證這一點，偏吃的毛病就解決了。那個小孩開始吃下菠菜、白菜、鹹魚等任何能讓他好好成長的東西，好將那個時常羞辱自己的壞蛋痛揍一頓。

解決了這個問題之後，父母又碰到另一個難題：小兒子有尿床的習慣。

他平時和祖母一起睡覺，每天早上，祖母醒來時總會摸摸床單，說：「你看，約翰，昨晚又幹了甚麼好事。」

他會反駁：「不，我沒有。是你幹的。」

父母責備過他、羞辱過他，這一切仍無法使床鋪保持乾爽。因此，這對父母就想：「怎樣才能使孩子自己想停止尿床呢？」

他想要的是甚麼呢？第一，他希望跟父親一樣穿睡衣，而不要像祖母那樣穿睡袍。祖母早就受夠這種夜間的折騰，如果買睡衣能夠改掉孩子的壞習慣，她很樂意為他買一件睡衣。第二，他想要一張自己的床，祖母對此也不反對。

母親帶着小兒子來到布魯克林的百貨公司，對店員小姐眨眨眼睛，說：「這位小紳士要買點東西。」

店員小姐帶着溫柔的語氣，問：「年輕人，我能拿些甚麼東西給你看看呢？」

他踮起腳尖，讓自己顯得更高一些，回答道：「我要為自己買一張床。」

當店員小姐把一張母親希望小兒子買的床給他看看之後，母親又對店員小姐眨眨眼睛，於是小男孩就在店員小姐游說下買了這張床。

床在第二天送來了。當晚父親回家時，小男孩跑到門口喊道：「爸爸！爸爸！快到樓上看看我為自己買的床！」

爸爸看看那張床，然後遵照司華伯的忠告，給予兒子由衷的讚美。

爸爸接着問：「你不會把這張床尿濕吧？」

「當然，我才不會尿床呢！」為了自己的尊嚴，小兒子遵守了承諾。這是他的床，是他「買」來的。他現在穿着睡衣，像個小大人，他就希望自己的舉止像個大人。而且，他辦到了。

同班的另一位父親名叫杜奇曼，是個電話工程師。他的困難是無法讓 3 歲女兒吃早餐。

平常那套責罵、請求或誘哄的方式都不管用，因此父母自問：「怎樣才能讓她想吃早餐？」

這個小女孩喜歡模仿母親，享受感覺自己已經長大成人。因此，一天早上，母親把她放在椅子上，讓她來做早餐。就在那個時候，爸爸走進廚房，看到她正在攪拌麥片，她立刻說：「爸爸，快看！我今天早上在做自己的早餐呢！」

這天，她在沒有任何誘哄之下自動自覺吃了兩碗麥片，因為她對麥片產生了興趣。她在做早餐的過程中，得到了一種成為重要人物的感覺，也找到了自我表現的方式。

威廉・溫特爾說過：「自我表現是人類天性中的必需品。」為甚麼我們在做生意時，不採用這樣的心理學？當我們有一個巧妙的主意時，為甚麼不讓對方醞釀，並自己提出來呢？這樣的話，他們就會認為那是自己的主意，也就會喜歡上它。

卡耐基心得 Dale Carnegie's Tip

唯一能影響別人的方法，就是談論他們需要甚麼，告訴他們怎樣得到。

使人喜歡你的六條規則

要對別人真心感興趣

一個人真誠地關心別人的話，
即使對方是極忙碌的人，也能夠從他們那兒得到注意、
時間和合作。

當我 5 歲時，父親花了 50 分錢給我買了一隻小黃毛狗。牠是我童年時代的快樂泉源。每天下午大約 4 點半，牠都會坐在院子前面，瞪起一雙精靈的眼睛，緊盯着門前的小路。只要一聽到我的聲音，或看到我搖盪着飯盒穿過矮樹叢時，牠就飛似地跳起來，上氣不接下氣地跑上山丘迎接我，高興得又跳又叫。這隻名叫提比的小傢伙跟我做 5 年朋友，一直伴着我成長，直到那一個不幸的夜晚。

我永遠忘不了那個晚上，牠就在我咫尺之處，被雷電擊死了。提比之死，是我孩提時代的悲劇。我想說的是，提比從來沒有讀過一本關於心理學的書，不過牠壓根不需要讀，單憑本能，牠就做到了一切。

一個人只要真心對別人感興趣，他在兩個月之內所得到的朋友，將遠遠多於花兩年時間來讓別人對自己感興趣而結交的朋友。讓我重複一遍，只要真心對別人感興趣，你的朋友將會多不勝數。

許多人窮盡一生想盡辦法希望別人對自己感興趣，但這顯然沒用。別人對你沒興趣，對我也沒興趣，他們只對自己抱有興趣。

紐約電話公司曾經做過一項詳細的研究，試圖找出人們在電話交談中最常使用的詞彙。也許你已經猜到了：這個詞彙就是第一人稱的「我」。在 500 通電話的談話內容中，「我」出現了 3,900 次。

當你拿起一張自己也在內的團體照片時，你最先看的是誰？肯定是你自己。但我要告訴你：假如我們只是想在別人面前表現自己，使別人對我們產生興趣的話，我們將永遠不會擁有真摯而真正的朋友。

已故的維也納著名心理學家阿爾弗雷德．阿德勒，寫過一本名叫《自卑與超越》（*What Life Should Mean to You*）的書。在這本書中，他說：「一個對別人漠不關心的人，他一生中遇到的困難最多，對別人的傷害也最大。所有人類的失敗，都是這類人造成的。」你或許讀過幾十本有關心理學的書籍，還沒見到一句對你我來說比這更有意義的話。阿德勒這句話意義太深遠了，重要的話好應該對自己說上 3 遍。

有一次我在紐約大學選修一門短篇小說寫作的課程，在課程中，一位雜誌主編到班上來給我們講課。主編告訴大家，他桌上每天都堆滿各種故事，只要讀上幾段，就能感覺到這個作者是否喜歡別人。他還說：「如果作者不喜歡別人，別人也不會喜歡他的故事。」

這位經驗豐富的編輯在講授小説寫作的課堂上，曾經停下來兩次，為他那宣教一般的發言而致歉。他說：「我現在跟你們説的話，可能牧師也會告訴你們。但請記住，如果你想成為一位成功的小説家，你必須對別人感興趣。」假如這是小説寫作的真理，那待人處世更應如此。

霍華·哲斯頓最後一次在百老匯表演時，我花了一個晚上在後台跟他聊天。哲斯頓，被公認為最偉大的魔術師。40 年來，他在世界各地巡迴表演，一再創造幻境，滿足觀眾，使大家既驚訝又讚歎。超過 6,000 萬人曾掏錢去看他的表演，使他賺了幾近 200 萬美元的利潤。

我向哲斯頓先生請教他成功的秘訣：他的學校教育顯然沒甚麼關係，因為他很小的時候就離家出走，四處遊蕩——搭霸王火車，在穀倉裏過夜，沿門求乞，只憑坐在列車上看鐵道沿線的標誌牌而學會認字。他的魔術知識是否特別豐富？不，市面上有好幾百本關於魔術的書，而且許多魔術大師知道的都不會比他少。但他身上有兩點別人沒有的特質：第一，他是一個表演大師，能在舞台上展現自己的個性。他了解人類天性，在舞台上的所作所為——每一個手勢，每一個語調，甚至每一次眉毛上揚都經事先綵排過，而他的動作總是配合得天衣無縫。其次，哲斯頓還真誠地對別人感興趣。他對我說，許多魔術師望着眼前的觀眾時會默念着:「啊，台下那些人全是傻子、笨蛋，我可以把他們騙得團團轉。」而哲斯頓從來沒這麼想過。每一次走上舞台，他都告訴自己:「那麼多人過來看我表演，我真是感激不盡。他們使我能夠過上舒適的生活，我也應該拿出最好的表演回報他們。」每一次走到聚光燈前，他都會一遍又一遍地跟自己說:「我愛我的觀眾。**我愛我的觀眾。**」可笑嗎?荒謬嗎?你怎麼想都可以。我只是把這個偉大的魔術師說的話，原封不動地告訴你罷了。

舒曼．海恩克夫人對我說過類似的話。即使飢餓和傷心，即使生活中充斥着大量悲劇，使她一度差點自殺和殺死自己的孩子——即使多麼不幸，她還是一直演唱下去，終於成為有史以來最卓越的華格納歌唱家。她曾如實相告自己成功的秘訣:對別人無限地感興趣。

賓夕凡尼亞州貝華倫城的喬治．戴克在一家汽車維修站工作，由於一條新建的高速公路計劃從維修站上橫跨過去，他被迫退休了。沒多久，他就厭倦了退休後那種無聊日子，於是找來一把舊小提琴打發時間。後來，他開始四處旅行去聽音樂，又和許多才藝高超的小提琴家會面。他態度謙虛且友善，對每位遇見的小提琴家和對方的背景都抱有濃厚的興趣。雖然他技藝平平，但因此交了許多朋友，還參加了許多比賽。美國東部的鄉村音樂迷很快就知道「喬治叔叔」這個人了。當我們聽到喬治叔叔的大名時，他已經 72 歲高齡了，依然享受着每一天的生活。

當大部分人都認為他們的時代已經過去時，他通過持續關注別人的興趣，為自己開創了新的人生。

這同樣是西奧多・羅斯福大受歡迎的秘訣之一，就連侍從都十分愛戴他。他的黑人侍從詹姆斯・亞默斯更寫了一本關於他的書，取名為《西奧多・羅斯福——僕人的英雄》(*Theodore Roosevelt, Hero to his Valet*)。在那本書中，亞默斯記錄了這件富有啟發性的事：

有一次，我太太向總統請教關於鵪鶉的事。她從未見過鵪鶉，於是總統詳細地描述了一番。過了一段時間，我們小屋的電話響起(亞默斯和他太太住在牡蠣灣羅斯福家宅的一棟莊園內)，我太太拿起電話，竟是總統本人。原來他打電話來是要告訴她，窗外正好有一隻鵪鶉。如果她往外看的話，可能看得到。他時常做出像這類的小事。每當他經過我們的小屋，即使看不到我們，他也會輕聲喚：「噢，安妮！」或「噢，詹姆斯！」這只是他友善的問候。

侍從又怎會不喜歡像他這樣的人呢？任何人都不可能不喜歡他吧？

有一天，羅斯福到白宮去拜訪塔夫脫總統，碰巧總統和夫人外出。當時他跟白宮的舊僕人一一打招呼，呼喊他們的名字，連廚房的女工也不例外——他真誠地對待低下階層的為人表露無遺。

亞默斯寫道：「當他見到廚房的女工愛麗絲時，就問她還有沒有烘製粟米麵包。愛麗絲回答她偶爾會為僕人烘製一些，但是樓上的人都不吃。」

「羅斯福聽了便說：『那他們可沒口福，等我見到總統的時候，得跟他說說。』」

「愛麗絲端出一塊粟米麵包來，他邊吃邊走向辦公室，沿路遇見園丁和工人時，還跟對方打招呼……就像他過去做的那樣對待每一個人。亞默斯含着淚說：『這是兩年多以來我們最高興的一天，即使有人用一張百元大鈔來交換這一天，我相信任何一個人都不願意換。』」

查爾斯．伊里特博士是有史以來最成功的一位大學校長。下面是伊里特博士做事方式的一個例子：

有一天，一名大學一年級學生克蘭頓到校長室去借 50 美元的學生貸款。克蘭頓說：「這筆貸款獲批了，我感激地向伊里特校長致謝。當我準備離開時，他卻請我再坐一會兒。接着他說了一番令我驚奇的話：『聽說你會在自己的房間做飯。如果你吃的食物合適，而且分量充足的話，我不認為這有甚麼壞處。我念大學的時候，也會親自做飯。你做過牛肉獅子頭嗎？只要牛肉煮得夠軟熟，就是一道很好的菜，當年我也是這麼煮來吃。』接着，他告訴我該如何選牛肉，如何用溫火去煮，如何把肉切碎並壓成一團，才不會白白浪費掉食材。」

還有一件類似的事，一位看似毫不重要的人，竟幫了新澤西州強生公司的推銷員愛德華．西凱的忙，使他留住了客戶。許多年前，他回憶道：

我曾代表強生公司，拜訪過麻省地區一位客戶。這個經銷商是位於音姆的藥品零售店。每次我走進店裏，總會先和賣飲品的店員閒聊幾分鐘，然後才跟店主談訂單的事。有一天，我再到店裏去，店主卻要求我離開，因為他覺得強生公司太過注重那些小型超市和便利商店，對他們這種小藥店造成打擊，所以不想再賣強生公司的產品了。我只能夾着尾巴逃跑，在城裏開車轉了好久。最後我決定回去，至少要跟他解釋一下公司的立場。

在我回去後，我像平常一樣跟賣凍飲的店員打招呼。當我走向店主時，他向我笑了笑，又歡迎我回來，還跟我下了雙倍訂單。我驚訝地望着店主，詢問剛才那幾小時間發生了甚麼事。店主指着凍飲機旁邊那個年輕人，原來他在我離開後走過來說，很少有推銷員到店裏來還會費時跟其他人打招呼，而我是其中之一。他跟店主說，假如有人值得合作做生意的話，那就是我了。店主表示贊同，便繼續與我合作，後來更變成了我的忠實客戶。我永遠不會忘記由衷地關心別人，是一個推銷員必備的重要品質——對任何人、任何事都是如此。

現實中你也許不是總統、校長、音樂家或代理商，但你可以懷着與他們一樣的心情。

從我個人的經歷中可發現，一個人真誠地關心別人的話，即使對方是極忙碌的人，也能夠從他們那兒得到注意、時間和合作。我舉例來説明：

幾年前，我在布魯克林文理學院講授小説寫作這門課，當時大家希望邀請凱薩琳・諾理斯、凡妮・何斯特、伊達・塔貝爾、亞勃・特胡、魯勃・休斯等忙碌的作家到布魯克林來，分享他們的寫作經驗。於是我們決定寫信，説明大家非常欽佩他們的作品，深切渴望得到他們的忠告，以及聆聽他們成功的秘訣。

每封信都由大約 150 名學生親筆簽名。在信中寫道，我們知道他們忙得未必有時間準備一篇演講，所以我們隨信附上一連串關於他們自己和寫作方法的問題，請對方回答。他們很喜歡我們的做法。誰會不喜歡呢？最後，這些作家都從家裏趕來布魯克林，給我們上了寶貴的一課。

透過同樣的方法，我請來了羅斯福總統任內的財政部長李斯利蕭、塔夫脱總統任內的首席檢察官喬治・威克爾、威廉・拜倫、富蘭克林・羅斯福，還有許多其他大人物到我的演講班來，為學生演講。

如果我們要交朋友，就應該嘗試為別人付出——做一些花費時間和精力、無私奉獻的事。這些年來，我一直在打聽朋友的生日，怎樣打聽呢？

雖然我一點都不相信星象學，但我會先問問對方，是否相信一個人的生日跟個人脾氣與個性有關係，然後再請他把生日日期告訴我。如果他說 11 月 24 日的話，我就會重複幾遍：「11 月 24 日，11 月 24 日。」等對方一轉身，便立刻記下他的姓名和生日，事後再轉記在一個生日記錄本。每一年年初，我都會把所有人的生日標注在月曆上，這樣我每個月自然會看到。當某人的生日到了，就會收到我的祝賀信或電報。想想對方該有多麼驚喜！我常常是世界上唯一記得他們生日的人。

如果我們要交朋友，就應該滿腔熱忱地跟別人打招呼。當別人打電話給你，也利用同樣的心理學，從說話的聲線展現出自己非常高興對方打電話來。紐約電話公司開了一門課，訓練他們的接線生在說「請問您要撥幾號」的時候，語氣要讓人感受到「早安，我很高興為您服務」的愉快感覺。明天接電話時，可別忘了這點呀。

對別人展示你的興趣，不但可以贏得朋友，更可以加深客戶對你公司的信任度。在紐約一家北美國家銀行出版的刊物中，刊登了一位名叫梅得蘭．羅絲黛的存戶信件：

我真希望您知道我是多麼欣賞 貴行的職員。每一個人都是如此的謙恭有禮、熱心助人。在排了一列長長的隊之後，有個人能親切地跟你打招呼，真是令人感到愉快。

去年我母親住了 5 個月醫院。其間，我經常去銀行找櫃檯出納員瑪依．派翠西蘿。她非常關心我母親，還時常問候她的近況。

毫無疑問，羅絲黛女士肯定會繼續光顧這家銀行。

查爾斯・華特爾受僱於紐約市一家大銀行，奉命寫一份有關某公司的機密報告。他知道有一個人擁有一些不可或缺的資料。於是，華特爾先生去見了那個人，他是一家大工業公司的董事長。當華特爾先生踏入對方的辦公室時，一個年輕的婦人從門邊探出頭來，告訴董事長，她這天沒有郵票可給他。

「我 12 歲的兒子喜歡集郵。」董事長解釋。

華特爾先生說明他的來意後開始提出問題。可是董事長的說法含糊，支支吾吾。他顯然不想透露任何消息，無論怎樣好言相勸都沒有用。這次會面的時間很短，而且毫無成果。

「坦白說，我當時不知道如何是好。」華特爾先生在課堂上提起這件事來，「然後我想起他與秘書的對話——郵票、12 歲的兒子……這令我想起銀行的海外部門有許多郵票——可以從世界各地寄過來的信件上取下郵票。

「第二天早上，我再去找他，並請秘書傳話進去，說我有一些郵票要送給他的孩子。對方最後有熱情招待我嗎？當然了，即使他要競選國會議員，也不如現在那麼熱情地跟我握手。他臉帶笑意，客氣得很。『我的喬治肯定喜歡這張。』他一面撫弄着那些郵票，一面說着：『看這張郵票！絕對是珍品！』」

「我們花了一個小時談論郵票，又看了他兒子的照片，接着他花了一個多小時，把我想知道的資料和盤托出——我甚至還未提起這件事。他就將自己所知道的全都告訴了我，又讓他的下屬進來，還致電其他同行，問了對方一些問題。我最終得到了一些事實、統計數字、報告和往來信件。以一位新聞記者的術語來說，這絕對是獨家新聞。」

這裏還有一個例子：好多年來，費城的克納弗一直想把煤賣給一家大型連鎖企業。但這家企業始終不答應，繼續向另一個鎮買煤。更可氣的是，每次運煤都會經過他的辦公室。有一天，克納弗先生在我的班上發表了一段演說，把那家連鎖企業罵得體無完膚，還說它們是美國的毒瘤。而他依然不明白，為甚麼對方就是不買他的煤？

我建議他改變策略。長話短說，以下是事情的經過：

我們在班上分組辯論，主題是連鎖企業的擴張對國家是否弊大於利。

在我的建議下，克納弗先生站在否定的一方，為連鎖企業辯護。於是他跑到那家自己最痛恨的連鎖企業，跟一位高級職員會面，他解釋：「我不是來這兒推銷煤，我是來請你幫我一個大忙。」他把辯論的事告訴對方，接着說：「我是來找你幫忙的，因為我想不出還有誰比你更能提供我所需要的資料。我非常想贏得這場辯論，不管你能提供多少幫助，我都感激不盡。」下面是由克納弗先生親述的結果：

我請他給我 1 分鐘的時間。就是因為這個條件，他才答應接見我。當我說明來意之後，他請我坐下來，跟我談了 1 小時 47 分鐘。然後他又請另一位寫過一本有關連鎖商店的書的高級職員進來講解，更寫信給全國連鎖組織公會，為我要了一份有關這方面的辯論文件。他覺得連鎖商店給人們提供了人性化的服務，他以自己能夠服務數百個地區的市民為榮。他說話的時候，連眼睛都閃耀着光芒。我必須承認，這番話使我看到一些我以前連做夢都不會夢到的事，他改變了我從前的想法。

當我要走的時候，他把我送到門邊，還摟住我的肩膀，祝我辯論得勝，並且邀請我下次再來拜訪，告訴他辯論的結果。他最後對我說：「請在春末的時候再來找我，我想下一份訂單買你的煤。」對我來說，這簡直是奇跡。我一句話也沒提出來，他居然主動要求買我的煤。在過去 10 年間，我一直努力讓他對我和我的煤感興趣，但進展遠不如我在這 2 小時對他和他的問題深深地感興趣。

克納弗先生發現並不是新的真理，因為早在耶穌出生前的 100 年，著名的古羅馬詩人西拉斯就曾經說過：「當我們對別人感到興趣時，別人也對我們感興趣。」

因此，你想要讓別人喜歡你，必須遵守的第一條規則是：

真誠地對別人感興趣。

假如你想發展讓人愉快的性格，在人與人之間的關係中擁有一項更有效的技能，我建議你買一本林克博士寫的書，名叫《皈依宗教》。

別看到書名就心生恐懼，這並不是一本說教的書。

該書的作者是一位著名的心理學家，他曾親自接見過 3,000 多個自認為內心苦悶、彷徨無助的人，並為對方解答「人格與個性」問題。

林克博士跟我說，這本書可以改名為《怎麼樣發展人格》，書中討論的也是這個問題。相信你讀後會有所收穫。

卡耐基心得 Dale Carnegie's Tip

只要真心對別人感興趣，你的朋友將會多不勝數。

永遠面帶微笑

有笑容的人在管理、教導、推銷上都大有功效，
更可以培養快樂的下一代。
笑容比皺眉更能傳情達意，這就是在教學上
要以鼓勵代替處罰的原因所在。

我最近在紐約參加一個宴會，其中一名賓客——剛剛繼承一筆遺產的婦人，急於給眾人留下良好印象，花費了大量金錢購買黑貂皮大衣、鑽石和珍珠首飾。可是，她沒對自己的面孔下甚麼工夫，整個晚上的表情都尖酸、自私。她並沒意識到一個常識：每個男人都知道一個女人的表情，遠比她身上穿着的衣服重要得多。（對啦，當你太太要買一件貂皮大衣的時候，這句話可以派上用場。）

查爾斯·司華伯對我說過，他的微笑價值 100 萬美金。他可能只是輕描淡寫罷了，因為司華伯的性格，他的能力，他那使別人喜歡他的才能，幾乎全是他卓越成功的整個原因。他的性格中令人喜歡的一項因素是他那動人的微笑。

有天下午我跟莫里斯·雪佛萊在一起。坦白說，我感到失望。他悶悶不樂，沉默寡言，跟我所期望的完全不同。直到他微笑的時候，我的觀感才變了，就好像是太陽衝破了雲層。如果不是因為微笑，莫里斯·雪佛萊可能仍然是巴黎的一位家具製造者，跟他的父兄一樣。

行動比言語更有力量，而微笑所表示的是：「我多麼喜愛你，你帶給我快樂，我很高興能夠見到你。」

這就是為甚麼狗這麼受人們歡迎。牠們多麼高興見到我們，因此，我們也很高興見到牠們。

一個嬰兒的微笑也有相同的效果。

你是否在醫院的候診室待過？看着四周的病人和他們陰沉的臉？密蘇里雷頓市的一位獸醫史蒂芬·史包爾博士提到過這樣一個故事：有一年春天，他的候診室擠滿了顧客，帶着他們的寵物準備注射疫苗。沒有人在聊天，也許每一個人都想了一項以上該做的事情，而不是坐在那兒浪費時間。大約有六七個顧客在等着，之後又有一位女顧客進來了，帶着她九個月大的孩子和一隻小貓，幸運的是，她就坐在一位先生的旁邊，而這位先生等得真的不耐煩了。可是他發覺，那個孩子正抬頭注視着他，並咧嘴對他天真地笑。這位先生反應如何呢？跟你我一樣，當然他也對那個孩子笑了笑，然後他就跟這位女顧客聊起她的孩子和他的孫子來了。一會兒，整個候診室的人都聊了起來。整個氣氛就從乏味、僵硬而變成了一種愉快的經驗交流。

一種不真誠的獰笑？不，那種笑騙不了任何人。我們知道那種笑是機械的、受人討厭的。我所說的是一種真正的微笑，一種令心情溫暖的微笑，一種出自內心的微笑，只有這種微笑才能在市場上賣得好價錢。密西根大學的心理學家詹姆士．麥克奈爾教授談起他對笑的看法時說：有笑容的人在管理、教導、推銷上都會大有功效，更可以培養快樂的下一代。笑容比皺眉更能傳達你的心意，這就是在教學上要以鼓勵代替處罰的原因所在。一位紐約大百貨公司的人事經理告訴我，他寧願僱用一名有可愛笑容而沒有念完中學的女孩，而不願僱用一個擺着撲克面孔的哲學博士。**笑的影響是很大的，即使它本身無法看到**。遍佈美國的電話公司有個項目叫「聲音的威力」，提供給使用電話來推銷產品和服務的人。在這個項目當中，電話公司建議你，在打電話時要保持笑容，因為你的「笑容」可以由聲音來傳達。

俄亥俄州的辛辛那提一家電腦公司的經理，告訴我們他如何為一個很難填補的缺額找到適當人選：

我為了替公司找一個電腦博士幾乎要了我的命。最後我找到一個非常好的人選，他剛要從普多大學畢業。幾次電話交談後，我知道還有其他幾家公司也希望他去，而且都比我公司的規模更大且更有名。當他接受這份工作時，我真的是非常高興。他開始上班時，我問他為甚麼放棄其他的機會而選擇我們公司。他停了一下然後說：「我想是因為其他公司的經理在電話裏都是冷冰冰的，商業味很重，使我覺得好像只是一次生意上的往來而已。但您的聲音讓人聽起來似乎真的希望我能夠成為你們公司的一員。您可以相信，我在聽電話時是笑着的。」

美國一家最大的橡膠公司的董事告訴我，根據他的觀察，一個人除非對自己的事業很感興趣，否則將很難成功。這位實業界的領袖，對那句單靠十年寒窗就可成名的古語，並不具有多大的信心。他說：「我認識一些人，他們成功了，因為他們創業的時候滿懷興致。後來，我看到這些人變成工作的奴隸，無聊起來了。他們一點興致也沒有，因此失敗了。」

你見到別人的時候，一定要很愉快，如果你也期望他們很愉快地見到你的話。

我鼓勵成千上萬的商人花一個星期的時間，每天 24 小時都對別人微笑，然後再回到班上來，談談所得到的結果。情形如何呢？我們來看看——這是威廉．史坦哈寫來的一封信，他是紐約證券股票場外市場的一員。他的例子並不是獨一無二的。事實上，它是好幾百個人中的典型例子。

我已經結婚 18 多年了，在這期間，從我早上起來，到要上班的時候，我很少對太太微笑，或對她說上幾句話。我是百老匯最悶悶不樂的人。

既然你要我以微笑的經驗發表一段談話，我就決定試一個禮拜看看。因此，第二天早上梳頭的時候，我就看看鏡中滿面愁容的自己，對自己說：「畢爾，你今天要把臉上的愁容一掃而空，你要微笑起來。你現在就開始微笑。」當我坐下來吃早餐的時候，我以「早安，親愛的」跟我太太打招呼，同時對她微笑。你會說，她可能大吃一驚。那麼，你低估了她的反應。她被搞糊塗了，驚愕不已。我對她說，她從此以後可以把我這種態度看成慣常的事情。而我每天早晨這樣做，已經有兩個月。

這種做法改變了我的態度。在這兩個月中，我們家所得到的幸福比去年一年還多。

現在，我要去上班的時候，就會對大樓的電梯管理員微笑地說一聲「早安」。我以微笑跟大樓門口的警衛打招呼。當我跟地下火車的出納小姐換零錢時，我對她微笑。當我站在交易所時，我對那些以前從沒見過我微笑的人微笑。

我很快就發現，每一個人也對我報以微笑。我以一種愉悅的態度，來對待那些滿肚子牢騷的人。我一面聽着他們的牢騷，一面微笑着，於是問題就更容易解決了。我發現微笑帶給我更多的收入，每天都帶來更多的錢。

我和另一個人共用一間辦公室。他是個很討人喜歡的年輕人，我告訴他最近所學到的做人處世哲學，我很為所得到的結果而高興。他接着承認說，當我最初跟他共用辦公室時，他認為我是個非常悶悶不樂的人——直到最近，他才改變看法。他說當我微笑的時候，我充滿慈祥。

在酷熱不毛的熱帶地區，那些可憐的農奴用他們原始的農具耕作，在他們身上我看到了許多快樂的面孔。這些快樂的面孔無異於我在紐約、芝加哥、洛杉磯的冷氣辦公室所看到的。「沒有甚麼事是好的或壞的，」莎士比亞說：「但思想卻使其有所不同。」

林肯曾說：「多數的人快樂的情形，和他們想要快樂的決心差不多。」他說得不錯。我最近才看到這項真理的一個生動例子。我當時正走上紐約長島火車站的階梯。就在我面前，有240名拄着拐杖的男孩，正掙扎着走上階梯。有個男孩還必須靠人抱上去。我對他們的笑聲和快樂的心情感到驚訝極了，我跟一個帶領這批孩子的人提到這點。他說：「呵，是的，當一個孩子發覺他一輩子將是個跛子時，最初會驚愕不已；但是，等他的驚愕消失之後，他就接受了自己的命運，於是就比一般正常的孩子要更快樂一點。」

我真想向那些孩子敬禮，他們教了我一課，我希望永遠不會忘記這些。

在辦公室裏，獨自一個在封閉的房間工作，不僅是寂寞，還斷絕了與公司其他人交朋友的機會。在墨西哥，瓜達拉加的西諾拉．瑪利亞就有這麼一個工作。當她聽到其他同事的聊天和笑聲時，她真的很羨慕他們之間的情誼。在她工作的第一個星期，當她經過辦公室，從他們旁邊經過時，她害羞得把頭轉了過去。

幾個禮拜之後，她告訴自己：「瑪利亞，你不能期望別人先來跟你打招呼，你必須先去跟他們打招呼。」以後，她臉上總掛着最燦爛的微笑，並跟每一個遇到她的人說：「嗨，今天還好吧？」這個效果是直接的。笑容和招呼都回到了她身上。走道似乎明亮多了，工作氣氛也似乎友善多了。彼此都會打招呼，有些更變成了朋友。她的工作和生活也變得更愉快和有趣了。

富蘭克林·貝特格，當年聖路易紅雀棒球隊的三壘手，目前卻是全美國最成功的推銷保險人士之一。他對我説，他好多年前就發覺，一個面帶微笑的人永遠受人歡迎。因此，在進入別人的辦公室之前，他總是停下來片刻，想想他必須感恩的許多事情，展開一個大大的、寬闊的、真誠的微笑，然後當微笑正從臉上消逝的剎那，走進去。

他相信，這種簡單的技巧，跟他推銷保險如此成功有莫大關係。細讀艾勃·哈巴德這段賢明的忠告——但要記住，細讀對你無濟於事，除非你把它應用起來：

每回你出門的時候，把下巴縮進來，頭抬得高高的，肺部充滿空氣，沐浴在陽光中，以微笑來招呼你的朋友。每一次握手都使出力量，不要擔心被誤解，不要浪費一分鐘去想你的敵人。嘗試在心中肯定你所喜歡做的是甚麼，然後，在清楚的方向之下，你會徑直地達到目標。心中想着你所喜歡做的偉大而美好的事情，然後，當歲月消逝時，你會發現自己掌握了實現希望所需要的機會。正如珊瑚蟲從潮水汲取所需要的物質一樣，在心中想像那個你希望成為的人，有辦法的、誠懇的、有用的，而你心中的思想每一小時都會把你轉化為那個特殊的人……思想是至高無上的，保持一種正確的人生觀，一種勇敢的、坦白的和愉快的態度。思想正確，就等於是創造。一切的事物，都來自於希望，而每一個誠懇的祈禱，都會實現出來。

我們心中想甚麼，就會變成甚麼。把下巴縮進來，把頭部高高昂起，我們是明天的神仙。

古代的中國人真是聰明絕頂──對世界上的事物都看得很透徹。他們有一則格言，我們都應該把它別在帽子裏。那則格言說：「和氣生財。」（沒有微笑面孔的人，不能做生意。）

你的笑容就是傳達好意的信差，你的笑容能照亮所有看到它的人。對那些整天都皺眉頭、愁容滿面、熟視無睹的人來說，你的笑容就像穿過烏雲的太陽。尤其對那些受到上司、客戶、老師、父母或子女的壓力的人，一個笑容能幫助他們了解一切都是有希望的，也就是世界是有歡樂的。

而說到做生意，佛蘭克．爾文．弗萊奇在他為歐本．海默和卡林公司製作的一則廣告中，為我們提供了一點實用的哲學。

聖誕節一笑的價值：

它不花甚麼，但創造了很多成果。它豐盛了那些接受的人，而又不會使那些給予的人貧瘠。它產生在一剎那之間，但有時給人一種永遠的記憶。沒有人富得不需要它，也沒有人因貧窮而不喜歡它。

它在家中創造了快樂，在商業界建立了好感，在朋友間建立情誼。它能使疲倦者獲得休息，沮喪者重獲光明，悲傷者得到安慰，它是大自然的最佳良藥。

但它卻無處可買，無處可求，無處可借，無處可偷。因為在你把它給予別人之前，沒有甚麼實用的價值。

而假如在聖誕節最後一分鐘的匆忙購物中，我們的店員累得無法給你一個微笑時，我們能請你留下一個微笑嗎？

沒有給人微笑的人，更需要他人給予。

因此，假如你期待人人都喜歡你，第二條規則是：

微笑！

卡耐基心得 Dale Carnegie's Tip

一個面帶微笑的人永遠受人歡迎。

記住他人的姓名

記住人家的名字，而且很輕易就叫出來，
等於給予別人一個巧妙而有效的讚美。
若是把人家的名字忘掉或寫錯了，
你就會處於一種非常不利的地位。

1898 年，紐約洛克蘭郡的石點鎮發生了一場悲劇。有個小孩死了，在這特別的一天，鄰居正準備去參加葬禮時，吉姆·法里走到馬房去拉他的馬。地上積雪，空氣凜冽，那匹馬好幾天沒有運動了。當牠被拉到水槽的時候，牠歡欣鼓舞起來，把兩腿踢得高高的，結果吉姆·法里被當場踢死了。因此這個小小的石點鎮在那個星期辦了兩次葬禮。

吉姆·法里留下了一個寡婦和三個孩子，以及幾百美元的保險金。他最大的兒子小吉姆才 11 歲，為了緩解家中的經濟壓力，便到一個磚場去工作——運沙，然後把沙倒進模子，製成磚塊後，再運到太陽下曬乾。這個小吉姆一直沒有機會接受多少教育。但是由於有着愛爾蘭人那種樂觀的天性，他有一種使別人喜歡他的才華。

因此他走上宦途，而隨着歲月不斷地流逝，他培養了一種記住別人姓名的驚人能力。

他從沒就讀過中學。但是，在他 46 歲之前，4 所學院都已經授予他榮譽學位，他也成為民主黨全國委員會的主席，美國郵政總局局長。

我去訪問小吉姆．法里，請教他成功的秘訣。他說：「工作賣力。」於是我說：「別開玩笑啦。」

他接着問我，我認為他成功的理由到底是甚麼，我回答：「我知道你可以叫出 1 萬人的姓名。」

他說：「不，你錯了，我能叫出 5 萬人的姓名。」

千萬要記住這一點，就是這項能力，使法里先生幫助富蘭克林．羅斯福進入了白宮。

在小吉姆．法里為一家石膏公司到處推銷產品的那幾年，在他身為石點鎮上一名公務員的那幾年，他建立了一套記住別人姓名的方法。

剛開始時，只是一個非常簡單的方法。他每認識一個人，就問清楚他的全名，他家的人口，他幹甚麼行業，以及他的政治觀點。他把這些資料全部記在腦海。而第二次他又碰到那個人的時候，即使是在 1 年以後，他還是有辦法拍拍對方的肩膀，詢問他的太太和孩子，以及他家後面的那些蜀葵。難怪有一群擁護他的人了！在羅斯福競選總統的活動展開前幾個月，小吉姆．法里每天都寫好幾百封信，給遍佈西部和北部各州的人。然後他跳上火車，在 19 天內，足跡遍佈了 20 州，行程 1.2 萬英里，以馬車、火車、汽車和輪船代步。他每到一個市鎮，就跟他所認識的人一起吃早餐或午餐，喝茶或吃晚飯，跟他們進行一番「肺腑之談」，然後，他又繼續他的下一站。

他一回到東部，就寫信給每一個他到過的市鎮，索取一份所有和他談過話的人的名單。然後，他把這些名單整理出來，就有了成千上萬的名字。名單上的每一個人，都收到了一封小吉姆．法里的私函。那些信都以「親愛的比爾」或「親愛的佐」做開頭，結尾總是簽上「吉姆」。

小吉姆．法里在早年就發現，**一般人對自己的名字比對地球上所有的名字加起來還要感興趣**。記住人家的名字，而且很輕易就叫出來，等於給予別人一個巧妙而有效的讚美。若是把人家的名字忘掉，或寫錯了，你就會處於一種非常不利的地位。比如說，我有一次在巴黎開一門公開演講的課程，發出複印的信件，給所有住在該地的美國人。那些法國打字員顯然不太熟悉英文，自然在打名字的時候打錯了。結果巴黎一家大的美國銀行的經理，寫了一封不客氣的信給我，因為他的名字被拼錯了。

有時候要記住一個人的名字真是難，尤其當它不太好唸時，一般人都不願意去記它，心想：算了！就叫他的小名好了，而且容易記。希杜．李維拜訪了一個名字非常難唸的顧客。他叫尼省得瑪斯．帕帕都拉斯。別人都只叫他「尼古」。李維告訴我們說：「在我拜訪他之前，我特別用心地唸了幾遍他的名字。

當我用全名稱呼他『早安，尼省得瑪斯．帕帕都拉斯先生』時，他呆住了，過了幾分鐘，他都沒有回答。最後，眼淚滾下他的雙頰，他說：『李維先生，我在這個國家生活 15 年了，從沒有一個人會嘗試用我真正的名字來稱呼我。』」

被稱為鋼鐵大王的安德魯．卡耐基，對鋼鐵的製造懂得很少。他手下有好幾百個人，都比他了解鋼鐵。但是他知道怎樣做人處世，這就是他發大財的原因。他小時候就表現出組織才華和領導天才。當他 8 歲的時候，他也發現人們對自己的姓名驚人地看得重要。他利用這項發現，去贏得別人的合作。舉例說明：他孩提時代在蘇格蘭的時候，有一次抓到一隻兔子，那是一隻母兔。他很快發現了一整窩的小兔，但沒有東西餵牠們。可是他有一個很妙的想法，他對附近的那些孩子說，如果他們找到足夠的苜蓿和蒲公英餵飽那些兔子，他就以他們的名字來替那些兔子命名。這個方法太靈驗了，卡耐基一直忘不了。好幾年之後，他在商業界利用這同樣的人性弱點，賺了好幾百萬美元。例如，他希望跟賓夕法尼亞鐵路公司合作，而艾格．湯姆森正擔任該公司的董事長。因此，安德魯．卡耐基在匹茲堡建立了一座巨大的鋼鐵工廠，取名為「艾格．湯姆森鋼鐵工廠」。

這是一則謎語，看看你是否猜得出來。當賓夕法尼亞鐵路公司需要鐵軌的時候，你猜艾格．湯姆森會跟誰買？西爾斯公司？不，不，你錯了。再猜猜看。

當卡耐基和喬治．普爾門為臥車生意而互相競爭的時候，這位鋼鐵大王又想起了那個養兔子的經驗。

卡耐基控制的中央交通公司，正在跟普爾門所控制的那家公司爭生意。雙方都拼命想得到聯合太平洋鐵路公司的生意，你爭我奪，大殺其價，以致毫無利潤可言。卡耐基和普爾門都到紐約去見聯合太平洋的董事會。有一天晚上，兩人在聖尼可斯酒店碰頭了，卡耐基說：「晚安，普爾門先生，我們豈不是在出自己的洋相嗎？」

「你這句話怎麼講？」普爾門想知道。

於是卡耐基把他心中的話說出來——把他們兩家公司合併起來。他把合作而不互相競爭的好處說得天花亂墜。普爾門用心地聽，但是他並沒有完全接受。最後他問：「那新公司要叫甚麼呢？」卡耐基立即說：「當然是普爾門皇宮臥車公司。」

普爾門的目光一亮。他說：「到我的房間來，我們來討論一番。」這次的討論改寫了一項工業史。

安德魯．卡耐基這種記住以及重視朋友和商業人士名字的方式，是他領導才能的秘密之一。他以能夠叫出他許多員工的名字為榮；而他很得意地說，當他親任主管的時候，他的鋼鐵廠未曾發生過罷工事件。

德州商業股份有限公司的董事長班頓拉夫相信，公司愈大，就愈冷酷。他認為唯一能使它溫暖一點的辦法，就是記住員工的名字。假如有個經理告訴我，他無法記住別人名字，就等於告訴我，他無法記住他一個很重要的工作。

加州洛可派洛的凱倫．柯希，是一位環球航空公司的空服員。她經常練習去記住機艙內旅客的名字，並在為他們服務時稱呼他們。這使得她備受讚許，那些讚許有直接告訴她的，也有經公司對她說的。有位旅客曾寫信給航空公司說：「我好久沒有搭環球航空的飛機了，但從現在起，一定要環球航空的飛機我才搭。你們讓我覺得你們的航空公司好像是專屬化了，而且這對我有很重要的意義。」

人們對自己的名字如此重視，不惜以任何代價使他們的名字永垂不朽。即使盛氣凌人脾氣暴躁的阿蒂．巴南也曾因為沒有子嗣繼承巴南這個姓氏而感到失望。他願意給他外孫希柯．西禮 2.5 萬美元，如果後者願意自稱「巴南．西禮」的話。

幾世紀以來，貴族和企業家都資助藝術家、音樂家和作家，以求他們的作品能夠獻給他們。圖書館和博物館最有價值的收藏品，都來自於那些一心一意擔心他們的名字會從歷史上消失的人。紐約公共圖書館擁有亞斯都氏和李諸克斯氏的藏書。大都會博物館也設有標着班吉明．亞特曼和摩根名字的紀念館。幾乎每一座教堂，都裝上了刻有紀念捐贈者名字的彩色玻璃窗。

多數人不記得別人的名字，只因為不肯花必要的時間和精力去專心地、重複地、無聲地把這些名字播種在他們的心中。他們為自己找出藉口：他們太忙了。

但他們可能不會比富蘭克林．羅斯福更忙，而他卻花時間去記憶，而又說得出每個人的名字，即使是他只見過一次的汽車機械師。

舉例説明：克萊斯勒公司為羅斯福先生特製了一輛汽車，張伯倫和一位機械師把車子送到白宮。我手中有一封張伯倫先生的來信，敍述他的經驗。

我教羅斯福總統怎樣駕駛一部附帶許多不尋常零件的車子，但是他教了我很多有關為人處世的藝術。

當我被帶到白宮的時候，總統非常和氣愉悦。他直呼我的名字，使我感覺非常自在。令我印象最深的是，他對我展示給他和告訴他的那些東西非常感興趣。那部汽車經過特別的設計，可以完全靠手來操縱。一群人圍在車子的四周參觀，他說：「我認為這部車子真是太棒了。你只要按一個鈕，它就動了，不必費力就可以開出去。我認為真不簡單——我不知道它是怎麼會動的。我真希望有時間把它拆下來，看看它怎麼發動。」

當羅斯福的朋友和助理在讚賞那部車子時，他在他們的面前說：「張伯倫先生，我真感激你為製造這部汽車所花的時間和精力，造得太棒了。」他讚賞冷卻器、特殊的後視鏡和鐘、特殊的前燈、那種椅套、開車者座位、車廂裏特製而帶有他姓名縮寫字母的行李箱。換句話說，他注意到每一個我花過心思的細節。他還特別把各項零件指給羅斯福太太、柏金斯小姐、勞工部長和他的各位秘書看。他甚至把那名年老的黑人司機叫進來，說：「喬治，你要好好地照管這些行李箱。」

當駕駛課程結束的時候，總統轉向我，說：「呵，張伯倫先生，我已經讓聯邦儲備委員會等待 30 分鐘了，我想我最好還是回辦公室去吧。」

我帶了一名機械師跟我到白宮。我們抵達時，他就被介紹給羅斯福。他並沒有和總統說過話，而羅斯福只聽過一次他的名字。他是一個害羞的人，躲在角落。但是，在離開我們之前，總統找到了機械師，握握他的手，叫出他的名字，謝謝他到華府來。他的謝謝一點也不造作，他說的是心裏話，我可以感覺出來。

回到紐約後，我收到一張羅斯福總統的簽名照片，以及一小段謝詞。

富蘭克林·羅斯福知道一個最單純、最明顯、最重要的得到好感的方法，就是記住別人的姓名，使別人覺得自己受重視——但我們有多少人這麼做了呢？當我們被介紹給一個陌生人聊上幾分鐘，說再見的時候，我們大半都已不記得對方的名字。

一名政治家所學的第一課是：「記住選民的名字就是政治才能。」記住他人的姓名，在商業界和社交上的重要性，幾乎跟在政治上一樣。

法國皇帝，也是拿破崙的侄兒——拿破崙三世得意地說，即使他日理萬機，仍然能夠記得每一個他所認識的人。他的技巧非常簡單。如果他沒有清楚地聽到對方的名字，就說：「抱歉，我聽得不太清楚。」如果碰到一個不尋常的名字，他就說：「怎麼寫法？」在談話當中，他會把那個名字重複說幾次，試着在心中把它跟那個人的特徵、表情和容貌聯想在一起。如果對方是個重要人物，拿破崙三世就會更進一步，一等到他旁邊沒有人，他就把那個人的名字寫在一張紙上，仔細地瞧，然後牢牢地記在心中，並把那張紙撕掉。這樣做，他對那個名字就不僅有眼睛的印象，還有耳朵的印象。

這一切都要花時間，但正如愛默生所説：「優良的禮節是由一些小小的犧牲組成的。」

記住別人的名字和運用它，並不是國王或公司經理的特權，它對我們每一個人都是如此。肯恩．諾丁罕是印度通用汽車廠的一位僱員，他向我説起過這樣一件事：「我通常在公司的餐廳吃午餐。我發覺在櫃檯後工作的那位女士總是愁眉苦臉的。她已經做了快兩個小時的三文治了，我對她而言，又是另一個三文治。我説了我要甚麼。她在小磅上磅了片火腿，然後給了我幾片萵苣，幾片薯仔。

「隔了一天，我又去排隊了。同樣的人，同樣的臉，不同的是，我看到了她的名片。我笑着説：嗨！尤尼絲。然後告訴她我要甚麼。她真的忘了甚麼磅不磅的，她給了我一堆火腿，三片萵苣和一大堆薯仔，多得都要掉出盤子來了。」

我們應該注意一個名字裏所能包含的奇跡，並且要了解名字是完全屬於與我們交往的這個人，沒有人能夠取代。名字能使人出眾，它能使他在許多人中顯得獨立，不管是女侍應或是總經理，在我們與別人交往時，名字會顯示它神奇的作用。

除此之外，讓人心動的最佳方式是跟他談論他最珍貴的事物。當你這麼做時，不但會受到歡迎，也會使生命獲得擴展。

所以，假使你想獲得人們的喜歡，第三條規則是：

記住你所接觸的每一個人的名字。

卡耐基心得 Dale Carnegie's Tip

能夠最簡單、最有效、最明顯地獲得他人好感的方法就是記住對方的名字。

做一個善於聆聽的人

假如你要想討人喜愛，
首先你要善於聆聽他人的說話，
道理很簡單啊，要使別人對你感到興趣，
首先是你要對別人有興趣。

我應邀去參加朋友的橋牌聚會，但我不會玩那玩意，碰巧有位漂亮的小姐，她也不懂橋牌。她不知從何處得知我在湯姆士從事電台節目主持人之前，曾一度做過他的私人經理。那段時間，湯姆斯在歐洲各地旅遊觀光，旅行期間，我就幫助湯姆斯記錄他沿途的所見所聞，以準備他之後的旅遊講座。這位漂亮的小姐知道這些，就說：「卡耐基先生，你能不能告訴我，你所經過的名勝地和你所看到的有趣事物？」

我説行啊，於是我們在旁邊的沙發坐下，接着她便説，最近她跟丈夫去了趟非洲。「非洲！」我接着説：「多幸福啊，我也想去，但只是在阿爾及爾停留過 24 小時而已，除此之外沒有去過其他任何地方，你有沒有去過值得你懷念的地方？真羡慕你，你能否跟我講講非洲的一些事情呢？」

那次談話，我們說了大半個鐘頭，她不再問我曾經到過哪些地方，一路上看見過甚麼好玩的東西，也不再談我所謂的旅行。她要的無非是一個專心的聆聽者，**借此能讓她擴充她的「自我」**。

難道這是她與眾不同顯得特殊的地方？當然不是，大多的人跟這位小姐是一樣的。

最近，在紐約出版商格林勃的一次宴會上，我遇到一位很有名氣的植物學家。可能是我從來沒接觸過植物學學者，我覺得他説話很吸引人注意。我着迷地聽着，坐在椅子上，聽他講有關大麻、大植物學家甫邦和如何佈設室內花園，此外，他還告訴我關於薯仔的一些奇事。後來，我偶然提到自己有個小型室內花園，正需要修建，他十分熱心地跟我講解怎樣解決我的那些問題。

在這次宴會上，在座還有很多其他客人，但我就是沒有關注到他們身上去，而跟這位植物學家談了很多個小時。

晚上 12 點，當我起身向每個人告辭時，這位植物學家當着主人的面極度讚美我，説我是「最能激勵人」的人。最後，他告訴大家，我是一個十分有趣、善談、談吐優雅的人。

我？談吐優雅？我知道自己那天晚上幾乎沒有説過甚麼話！假如我們剛才所談論的話不變更一下，即使我想談也無從談起，理由十分簡單，因為我對植物學知之甚少。

不過我自己明白，我已然做了。那就是仔細地、靜靜地做一名聽眾。安靜地用心聽着，我發現自己對他所講的的確有興趣，他也感覺到了，這自然使他從內心感到高興。那種聆聽，就是我們對他人讚賞和尊敬的表示。伍福特在他的《他鄉之戀》（*Strangers in Love*）中曾這樣說：「很少有人能拒絕誠心的讚美。」

我態度十分認真地跟這位植物學家講，我獲益匪淺，希望像他一樣學富五車，才高八斗，我是真誠的。最後我告訴他，希望有機會能再見面，同他一起去外地散步。

由此，他認為我是一個善於交談的人，實質上，我不過是一個善於聆聽並且善於鼓勵他繼續談下去的人，僅此而已。

要使一樁生意成功的秘訣是甚麼？伊烈奧托所說：「生意上往來的成功，沒有甚麼神秘不可告人的秘訣，專心聆聽對方，就是這樣，沒有甚麼比這個更重要！」

這很顯然，是不是？你不需要去哈佛大學專門研讀，浪費4年寶貴時間。但是我們很清楚，許多商人租用昂貴地段的店面，降低貨物成本，裝修新穎式樣的摩登櫥窗，在廣告費上大量投資，但是他們所僱用的人卻是那些從來就不願聽一下顧客話的人，這些店員斷然截斷顧客的話，駁斥、激怒顧客，彷彿要把顧客趕出大門才善罷甘休。

伍頓就經歷過這樣一個事情。他在我的講習班說出這段故事：

有一次，我在新澤西州紐華城一家百貨公司買了一套價錢不菲的衣服。這衣服有毛病，不單上衣會褪色，還把襯衫領子染黑了，使人怒不可遏。

我把這套衣服拿回那家百貨公司，找到了當時交易的那個店員，告訴他事情的經過。我說的是我告訴店員詳細經過？不，完全不是那回事，我根本辦不到，沒有時間，我想要把經過告訴那店員，可每當我想要說話，都被那個似乎有點口才的店員中途截斷，一一回擊回來了。

店員當着我的面就說：「這一類的衣服我們賣去好幾千套了，還是頭一回有人挑剔。」

那店員嗓門大得出奇，而且話中帶刺，好像就是在說，明擺着，你就是在說謊嘛，你以為我們是隨便就能欺騙的？哼！我給你點顏色瞧瞧！

我們爭論正激烈時，另外一個店員跑過來插嘴說道：「黑料子衣服起先都會褪一點顏色，這幾乎是無可避免的，這種價錢的衣服都有這類情況出現！」

聽他這樣說，我窩了一肚子的火隨即爆發出來，第一個店員表示，他懷疑我的誠實。第二個店員暗示我買的這件衣服不是高級的產品，我發火了，正想罵他們，這時百貨公司的負責人過來了。這負責人好像懂得他的職責，他使我的態度完全得以改變。他把一個要產生敵意的人變成了一個滿意的顧客，他是怎麼做到的？

是這樣，他分三步：首先，他讓我從頭到尾把經過說一遍，他聽着，沒說一句話。其次，當我講完那些話後，那兩個店員又要開始與我爭辯了。那負責人站在我這邊與他們爭，他說，很明顯，這襯衫領子是這套衣服染污的。他堅持說，這種不能滿足顧客要求的東西首先就不應該賣出去。最後，他道歉，說真沒想到這衣服會這樣差勁，他坦白地對我說：你想要怎麼處理這衣服你說就是，我可遵照你的意思去做。

就在幾分鐘前，我還想把這套衣服退掉，可我卻這樣回答他，我聽你的吧，但我想知道，這褪色的情形是否只是暫時性的，或者，你們是否有辦法可以使它不再褪色呢？

他建議我把它帶回去，再穿一個星期，看最終會怎樣！要是到時您仍然不滿意的話，再拿來換套新的，這件事是我們增加了您的麻煩，真的十分過意不去。

我離開那家百貨公司時，感到很滿意。而那套衣服經過一星期後，確實也沒有再發現甚麼毛病，我對那家百貨公司重新有了信心。

這樣看來，那位先生可以當上百貨公司的負責人就一點也不奇怪了。至於那兩個店員，他們不但要終生停留在店員的位置上，依我看最好是把這樣的人降級到包裝部去，永遠不必再跟客人見面。

那些最愛挑剔，反應最激烈，喜歡吹毛求疵的人，往往會在懷有忍耐與同情的聆聽者面前軟化下來！而這樣的聆聽者，必須有過人的沉着、才智。有這麼一個例子，是在我的培訓班裏的一個學員遇到的。

幾年前，紐約電話公司碰上一位既兇狠又不講道理的客戶，這位兇狠的顧客用刺耳、刻薄的說話斥罵接線生；後來，他又指責電話公司造假，所以他有理由拒絕付款；同時他去信報社投訴，還向公眾服務委員會提出申訴。不但如此，這位客戶還向電話公司提出了訴訟。

最後，電話公司派出一位最富溝通經驗的調解員去拜訪這位「客人」，這位調解員到達他家之後，不說多餘的話，他知道說了也等於沒說，就只靜靜聽着……盡量讓這位好挑剔的老先生發洩他滿腹的牢騷。這位調解員所回答的都是一個字：是！是！並且表示很同情他目前的委屈和處境。

這位調解員正好來到講習班上，說了他當時經歷的情形：

那位老先生繼續不斷地大放狂言。我聽了大概有三個鐘頭，安安靜靜的。後來我又一次去到他那裏，聽他沒發完的牢騷，顯然牢騷快發完了。我前後去了他那兒四次。在第四次訪問結束之前，我已是他始創的一個被他稱之為「電話用戶保障會」組織的基本會員；現在我還是該組織的會員，但我知道，除了這位老先生自己外，我是唯一的會員，就我一個。

在這次訪問中，我還是靜心聽着他說話，對他所提出的每一個理由，都表現出同情的態度，據他說電話公司的人，從沒用這種態度跟他說話，而他對我的態度也漸漸友善起來。但是，在前三次中，我對他所需求的事，隻字不提，最後第四次見面，我終於結束了這個事項，他不但把所有的賬款都付清，且向「公眾服務委員會」撤銷了申訴，這還是頭一遭。

無疑，這位老先生是有社會正義感，表面上看他是為保障公眾的權益不受無理剝削而戰，實際上，他所要的僅僅是一種內心的自重感，他使用的方式就是挑剔、抱怨，想通過這種方式來實現。當他一旦從電話公司的代表身上得到這種自重感之後，他就不必再拿出那些不切實際的委屈了。

再說一個例子，迪圖默先生是迪圖默毛呢公司的創辦人，這個公司後來成為世界上最大的呢公司。迪圖默先生曾向我說過這麼一件事：

那是幾年前的一個早晨，一位顧客神情憤怒地闖進我的辦公室。

他欠我們 15 美元。雖然他不肯承認，可是我們知道錯的是他。由此信用部堅持要他付清欠款，他接到我們信用部的幾封催款信後跑到芝加哥來，他氣沖沖地跑進我的辦公室跟我說，他不但不付那 15 美元，而且我們公司以後別想再做他哪怕是 1 美元的生意了。

我耐心地聽他說着氣話，好幾次我忍不住想跟他爭論，讓他閉上嘴，可是我清楚那只會讓事情變得更加糟糕，於是我盡量讓他發洩，最後，他的氣慢慢消下去了，我安靜地說，我感激你特地來芝加哥，並且把這件事告訴我。事實上，你已經給我做了一件極有意義的事，你知道嗎？假如我們信用部得罪了你，那麼，我相信他們也還會得罪其他客人，後果不堪設想，你想是不是？請你相信我，我迫切需要你讓我了解到剛才你所說的那種情況。

他沒想到我會說出這樣的話來，或許他會感到略微有些難過。他來芝加哥，是要跟我交涉澄清事實的，但我卻要感謝他，並不跟他爭論他想爭論的事。我平靜地告訴他，我們已經取消賬目中那筆 15 美元的賬單，同時我們還要把整件事都忘掉。並且，我暗示他從來就是個細心的人，要處理的就這麼個賬目，錯可能不在他，而我們公司的職員，卻要處理成千上萬份的賬目，有時難免可能會出錯。

我讓他知道，我十分了解他目前的處境，如果是我遭遇到與他同樣的情形，我也會如此。而他以後不再買我們公司的貨物也沒有關係，我還十分誠懇的把其他幾家毛呢公司推薦給他。

過去他來芝加哥時，我們經常一起吃午餐，所以那天我也請他吃飯，他勉強答應了。但午餐後我們回到辦公室，他訂下了比過去都要多的貨物，並懷着平靜的心情回家去了。不久，我們收到一封道歉的信，還有一筆 15 美元的賬款。原來，這位顧客似乎感動於我對他的接待和處理，回去又仔細地查看了賬單，終於找出那份賬單。

後來他妻子生下一個男孩，他給兒子取名迪圖默，那是我們公司的名稱。自那之後，他成為我們公司的忠實客戶，私下，我們也是要好的朋友，一直到 22 年後他去世。

很多年前，有個荷蘭小男孩，家裏非常清苦，所以他常常提着籃子去水溝邊撿從煤車上掉下來的煤塊。放學後，就替麵包店擦玻璃，每星期可以賺到 5 分錢。這孩子叫愛德華．巴克，他的一生連小學都沒有讀完。可是大家都知道，後來他卻成為全美新聞界一個最成功的雜誌編輯。他是如何走到這一步的呢？說來話長，可關於他是怎樣開始則可簡單地講講，那就是，他利用了本章所提出的原則作為他的開端。

13 歲時他就被迫離開了學校，在西聯公司當童工，每星期可以賺到 6.25 分錢，儘管他生活貧困，可是他還是時時刻刻都在追求獲取知識的機會。他不但沒有放棄接受教育的意志，而且還開始着手自我教育。他從不乘搭公共交通工具，而選擇走路，連午飯的錢也節省下來，儲蓄了一些錢，在書店買下一本《美國名人傳記》。然後，他做了一件讓人們驚訝不已的事。

愛德華・巴克把《美國名人傳記》細讀後，開始給傳記上提到的每一位名人致函，在信中他請求他們多講一些童年時的故事。巴克這個表現讓我們看到，他天生就有善於聆聽的品質，他想讓那些已名成利就的人來說說他們是如何走上成功之路的。

他給當時正在競選總統的詹姆士將軍寫了一封信，在信上他問詹姆士將軍是否確實做過運河上拉船的童工，詹姆士接到那封信後給他回了信。巴克又寫信給格雷將軍，問他在那部名人傳記上記述的有關一次戰役的情形，格雷將軍於是在回信中給他畫了一張詳細的地圖，還邀請這個 14 歲的小男孩到家中吃飯，他們談了整整一個通宵。

巴克寫信給愛默生，希望他說說自己成功的故事。這個原在西聯公司送信的報童，不久便和國內一些著名人物互致信函，如愛默生、布洛斯、修利弗、朗費羅、林肯夫人、修曼將軍和戴維斯等。他不單單跟那些人通信，還利用自己的空閒時間去拜訪他們，成為受他們歡迎的小客人。巴克通過這些名人的經驗讓自己得到了無價的自信。

這些名人激發了巴克的理想和鬥志，改變了他今後的人生道路，所有的這些，讓我再說一遍，都是由於實行了我們正在討論的原則——善於聆聽。

著名記者馬克遜一生採訪過很多風雲人物，他告訴我：「一些人之所以始終不能給人留下良好印象，原因是他們不願意用心聽他人談話，這些人在乎的僅僅是他們自己要說甚麼，而從不把自己的耳朵打開。」馬克遜說：「有人這樣跟我說，他們所喜愛的，不是善於滔滔不絕的那些人，而是那些能夠安心聆聽的人。能養成善於聆聽能力的人，好像比任何有好性格的人都更少見。」

正如《讀者文摘》上一篇文章中所說的那樣：「很多人在找醫生，實際上，他們所要的不過是個聆聽者罷了。」

內戰處在最為黑暗的時期，林肯給他在伊利諾州春田鎮的一位老友寫了一封信，請他來華盛頓暫住，有些事情需要跟他面談。林肯的這位老朋友很快到了白宮，林肯跟他說了好幾個鐘頭有關解放黑奴的問題，他把這項行動中所有贊成與反對的意見和理由都擺在這位老朋友面前，並一一加以研討，然後他又看到信件和報上的文章，鋪天蓋地都是罵他的。有的因為他不解放黑奴而譴責他，有些對他不滿的原因卻剛好相反，是害怕他當真要解放黑奴。就這樣，他們談了幾個鐘頭後，林肯和這位老朋友握手告別，叫人把他送回伊利諾州。

事實上，林肯並不是要徵求他這位老朋友的意見，因為所有的話都是他自己在說，而當他把話說完之後，心情似乎好多了。這位老朋友後來回憶說：「林肯跟我傾訴完這些話後，神情暢快了很多。」是的，林肯需要的並不是這位老朋友的甚麼建議，眼前他需要的是友誼和同情，以及一個能聆聽他說話的人，讓他有機會發洩心裏的鬱悶。那麼，也就是說，在我們感到苦悶和遇上困難時，也是可以這樣做的。

如果想讓人遠遠地避開你，在背後嘲笑你、輕視你，最好的方法就是：不注意別人的講話，只是不斷地談論自己。別人正在談着重要事情時，你發現自己有些不錯的見解，沒有等對方把話說完，馬上就提出問題或者說出答案，在你想來，他絕對不會比你聰明，為甚麼你要花那麼多時間，去聽那些沒有用的廢話？是的，立即插嘴，只要用一句話，毫無疑問就可打斷他人的談話。

你是否遇到過那種人？我就碰到過。奇怪的是，不但有這樣的人，而且他們當中有的還是社交界的名流。

這種人是以讓人討厭出了名的。他們為大家所憎厭是因為自己的自私和自重感所致。**只談論自己的人永遠只為自己着想，而忽略他人的感覺**。

哥倫比亞大學校長白德勒博士這樣評價這種行為，他說：

「這種人簡直已無藥可救，像沒有受過教育似的！即使他接受過甚麼教育，也仍然跟沒有接受過一樣，一點修養都沒有。」

因此，假如你想要討人喜愛，首先你要善於聆聽他人的説話，道理很簡單啊，要使別人對你感到興趣，首先是你要對別人有興趣。問別人愛答的事，鼓勵他説説他自己和他的一生中感到光榮的事情。

但請記住：跟你説話的人，對他而言，他的需要、他的問題，比你的問題要重要好幾百倍。**他的牙痛要比死了數百萬人的災難還重要得多**。他投在自己頭上一個小瘡的注意力，比發生大地震還重要得多。

所以，要討人喜歡，第四項原則就是：

想方設法做一個善於聆聽他人談話的人，並且鼓勵他人要多談談自己的事。

卡耐基心得 Dale Carnegie's Tip

想方設法做一個善於聆聽他人談話的人，並且鼓勵他人要多談談自己的事。

談論別人
最感興趣的事情

深入他人心底的最好辦法
就是對他談論他最喜歡的事情。

對於羅斯福淵博的學識，每一位拜訪過他的人都會感到驚訝。伯來福特曾經這樣説：「不管是兒童還是騎士，政治家還是外交官，羅斯福都很清楚自己要跟他們説甚麼。」這是為甚麼？答案簡單到你也許很難相信，那就是在接見客人前，羅斯福就已**準備好了客人喜愛的話題**，以及客人特別擅長或感興趣的事情。

跟所有具有領袖才能的人一樣，羅斯福洞悉這其中的訣竅——深入他人心底的最好辦法就是對他談論他最喜歡的事情。

曾任耶魯大學文學院教授的費爾布斯先生很早以前就懂得了這個道理，他這樣説：「在我 8 歲的時候，一個星期六，我去姑媽家，晚上有位中年男子也到姑媽家，他跟姑媽寒暄過後，注意力就集中到了我身上。那個時候我正對帆船很感興趣，而當我們談到這話題時，那位中年客人好像對帆船也很感興趣，我們談得十分投緣。他離開後，我在姑媽面前讚揚説這人真不錯，他對帆船十分在行。而姑媽則告訴我，那人是一位大律師，照説他對帆船方面不會有太大興趣的。我問：『可他又怎麼一直跟我説帆船的事呢？』姑媽説：『陪你談論帆船，那是因為你對這個有興趣，他可是一位修養不錯的紳士，他懂得讓自己受歡迎的辦法，所以才跟你談這些的。』」費爾布斯教授又説：「姑媽所講的那番話讓我難以忘懷！」

正當我寫這個章節的時候，我想起不久前基爾夫先生寄來的一封信，他在信上這樣寫道：

歐洲那邊將舉行一次童子軍野外營，我需要找一家美國大公司幫我解決一位童子軍的旅行費用。我得找個人幫忙。我瞄準了一家公司的老闆，在我跟那位大老闆會面前，我就已經聽說過，他曾為童子軍簽過一張百萬美元的支票，但又把那張支票撕掉了，而隨後他又把那張支票裝入鏡框。我走進了他的辦公室，我請求他讓我觀賞那張曾經被他撕掉的支票。我告訴他，我從來沒有聽說居然有人開出過一百萬美元的支票後又隨即把它撕掉的，我要講給童子軍聽，我確實見到過那張大支票。他很高興地取出那張支票給我看。我非常羨慕，同時請他告訴我，當時他為甚麼開出這張支票，及其經過和情形。

不知道你注意到沒有，一開始基爾夫先生並沒有談童子軍的事以及他的來意，而只是談談這位老闆感興趣的事。結果怎麼樣？讓我們接着看基爾夫信上寫的：

那位老闆隨後這樣問我：「哦，你有甚麼事需要我幫忙嗎？」於是我就立即告訴他我的來意。結果出乎我的意料，他不但立即滿足了我的請求，而且比我原來想要的還要多出許多。原本我只奢望他贊助一位童子軍去歐洲就很不錯了，可是天啊，他說他願意贊助五位童子軍去歐洲旅行，而且除此之外，他連我也邀請在內，簽下一張支付憑證，這是在國外兑現的，足夠我們在歐洲住上 7 個禮拜。離開時，他又替我寫了幾封介紹信函，吩咐他的駐歐洲各城的分公司經理，要妥善安排我們的歐洲之行。

更重要的是我們出發不久後，他又親赴歐洲，在巴黎接待了我們，興致勃勃地帶我們遊覽了全巴黎。最後他還為幾位家境清寒的童子軍介紹工作。這位大老闆直到現在，還盡其所能在資助這個童子軍團體。

「你想，假如事先我不知道他的興趣愛好所在，並想辦法讓他高興，那就不大可能這麼順利，後來的事真是難以預料。」

這也是一種十分有效的辦法，不管是在商場上還是一般的場合。

紐約有一位麵包公司經理，叫篤凡諾先生，他最大的希望是把自己公司的麵包賣到附近一家大旅館去。4 年來他一直在打這個主意，想做他們的生意，幾乎每個禮拜都去找旅館的負責人。篤凡諾知道這位經理常去一家交際場所，所以他也跟着去那家交際場所，為了有個接觸的機會，他甚至在那家旅館租下一間套房專門等着他，但他還是失敗了。

篤凡諾先生講：

後來，我研究了人類關係學之後，才懂得自己應當改變策略，想方設法找出他的興奮點，那麼哪一方面能引他注意呢？

後來，我發現他是美國旅館業公會的會員，不但是會員，還因為對推進該團體的業務十分熱心，被薦舉為主席，同時，他還兼任了國際旅館業聯合會的會長，不論開會地點多麼遙遠他都要趕過去參加會議。

我認為我摸對路了，所以，在第二次見到他時，我直接問他該會的事情，哈，不出所料，果然得到十分熱情的回答，他跟我講了大半個小時關於會議的情況，顯得興高采烈、興致盎然，很明顯那個團體就是他的興趣所在，也是他生活中重要的部分，在我跟他分開之前，他還邀請我加入他們的組織。

可那時我絲毫沒提麵包的事，幾天後，他的管事打來一個電話，要我把麵包樣品和價目送過去，要快。

我走進旅館，那管事跟我打招呼，他說：「不知道你在那老頭身上下了甚麼工夫，可是，真的，你摸對路了。」

「我在他身上花了 4 年時間，替我想想吧。哈哈。但要知道他喜歡的是甚麼，找出他的興趣所在，那還得花時間呢！」我回答他。

所以，如果你要別人喜愛你，那麼第五條規則是：

談論別人最感興趣的事情。

卡耐基心得 Dale Carnegie's Tip

與人溝通的秘訣：談論他人最感興趣的事。

永遠讓別人感到他自己很重要

你所遇到的所有人，幾乎都覺得自己某方面比你優秀。
這只有一個方法可以深入他們的心底，
那就是讓他們覺得你坦誠，
他們在自己的小天地是無比高貴的。

在紐約三十三街八號路的郵局裏，我排隊等着寄掛號信，我看到服務員對他的工作顯得十分煩躁：遞郵票、磅重、找零錢、給別人收據，工作單調得讓人發瘋，日復一日，年復一年，沒完沒了。

我對自己說：「我要去試一試，讓那服務員高興起來，我必須要說些有趣的事，並且是關於他的。」我琢磨着：「他有甚麼地方是值得加以讚美的呢？」這是個不小的難題，尤其對方是個從未打過交道的人。可是不一會兒，我就有發現了，我從這位煩躁的人身上，找出一件值得讚美的東西。

輪到我了，他替我收信時，我很感激地說：「真希望我也有像你這樣漂亮的頭髮！」

服務員把頭抬了起來，從驚訝的神情中泛出一臉笑容，很客氣地回答:「沒有以前那樣好了!」我很真誠地告訴他,或許沒有過去的光澤了,但是現在看來,依然很美觀。他非常高興,我們愉快地交談了一會。臨走時,他對我說:「許多人都說過我的頭髮很好看。」

我相信,那位服務員下班去吃午餐時,一定會步履如飛。我肯定他晚上回到家,會跟妻子提及此事,且會對着鏡子,用手撓撓頭髮,說:「嗯,確實不錯。」

我曾在演講中提及過這個故事,有人問我:「你是不是想從那個服務員身上得到些甚麼?」

這是一個奇怪的問題,我想得到些甚麼?我想要從那個服務員身上得到些甚麼!假如我們是那樣的自私、卑賤,不能從別人身上得到甚麼就不願意給他一點快樂,**假如我們的氣量比不上一個酸蘋果,那我們在生活中絕對會碰一鼻子灰**。

不過又話說回來,我確實想要從那服務員身上得到些甚麼,我想要獲得一些很貴重的東西,而在我說出那些話時,我就已經得到了,那就是我使他感覺到我做了一件他不需要報答的事。即使過了很久,在他回憶中,那件事依然會閃耀出光芒,使他高興。

在人們的行為中,有一項很重要的定律,如果我們遵守了這項定律,幾乎永遠不會遇到煩憂。實際上,如果遵守這項定律,會替我們帶來無數的朋友與長久的快樂。反之,如果違反了這項定律,我們就會遭遇到很多難以預料的難處。這項定律就是：永遠讓別人感到他自己很重要。

杜威多次說過：「自重是人的一種慾望，是人類天性中最急切的要求。」詹姆士也曾這樣說過：「人類天性中有一點，就是渴求為人所重視，而且是至深的本質。」人與動物不同的地方就在於自重感的有和無，人類的文明也是由此而起的。

古往今來的哲學家對於人類關係的定律，思考了數千年，而所有的思考中，結果只引證出一條定律，這定律並不新穎，它跟歷史一樣古老！3,000 多年前，瑣羅斯特把這條定律教給拜火教徒；2,400 多年前，孔子在中國宣講過，老子也用此教導他的門徒；基督降生前 500 年，釋迦牟尼就把這條定律傳給人間；1,900 多年前，耶穌基督把這條定律綜合在一個思想中，以此教誨門徒，這是世界上一項最重要的定律：你希望別人如何對待你，那你就該如何去對待別人。

無一例外，人們都希望跟他接觸的人能夠由衷地讚美他，想要在自我的小世界獲得自重感。當然，那不是虛假的奉承，而是真誠讚美。他希望他的朋友，如司華伯所說的那樣，要「真誠地讚美、再讚美」，朋友，你要知道，所有的人都需要這些。

讓我們遵守這條人際交往中的定律：你希望別人如何對待你，那你就該如何去對待別人。

怎麼做？甚麼時候做？在甚麼地方做？答案是：「任何地點，任何時候。」

有一次，我到無線電城音樂廳打聽蘇文的辦公號碼。那個穿着一身整潔制服的查詢服務員看起來顯得十分高貴，他清晰地回答：「亨利・蘇文（停了停），18 樓（停了停），1816 室。」

我向電梯走去，想起甚麼，又走回來，向他說：「你回答問題的方式很清楚、很恰當、很漂亮，你是個藝術家，很不簡單。」

他聽了我的話後很高興，臉上簡直要放出光芒來，他把領帶再略往上拉了拉，然後告訴我，他在答話時為甚麼中間要停一停，每句話的幾個字為甚麼要那麼說。當我乘搭電梯上到 18 樓時，我覺得在快樂的總量上，我又給自己或他人添進了一點。

朋友，你不需要等到做了外交大使或者俱樂部主席，才去讚美他人，這個定律，你幾乎每天都可以應用它。在別人得到快樂時，你難道不快樂嗎？

例如我們要一份法式煎薯仔，而服務生替你端來的卻是煮的薯仔，這樣的情形，我們不妨說：「啊，很抱歉，要麻煩你了，我喜歡的是法式煎薯仔。」她馬上領會，而回答：「沒事，一點也不麻煩的。」你看到，她很樂意換回你想要的那份，理由很簡單，因為你**尊重她**。

平素的禮貌用語，如麻煩你、謝謝等，這些看似簡短的話，能夠避免人與人之間很多不必要的糾紛，同時還很自然地表現出一個人高貴的人格。

再來看個例子：著名小說家柯恩出生於鐵匠家，他一生受過的教育加起來不超過 8 年，但在離開人世時，他幾乎成了最富有的文人。

原來，柯恩喜歡詩歌，所以他讀遍和研究了羅賽迪的詩，甚至還寫了一篇論文，熱情讚美羅賽迪在詩歌上所取得的成就，他還給羅賽迪本人送去一份。羅賽迪看了自然很高興，他說：「一個這麼年輕的人，對我的作品竟有這樣高超的見解，他一定非常聰明。」

羅賽迪就把這個鐵匠的兒子請到倫敦來，不久，柯恩成了羅賽迪的私人秘書。這成了柯恩人生中的轉捩點，從此之後，他有更多的機會見到許多英國當代的大文豪，並且受到他們的悉心指導，他的寫作生涯順利展開，不久就聲名鵲起。

柯恩是格利巴堡人，現在格利巴堡已成為旅遊勝地。他的遺產有 250 萬英鎊，但誰知道，要是他沒有寫那篇讚賞名詩人的論文，很難說，他的一生很可能就是默默無聞或終其一生貧困過活。

羅賽迪認為他自己很重要，當然這一點也不稀罕，幾乎每個人都這麼看待自己，認為自己很重要，對於一個國家而言，也是這樣。

你是否覺得自己比日本人優越？可實際上，日本人認為他們比你更優越。一個保守點的日本人，當看到一個日本女人跟白種人跳舞時會感到憤怒。你以為你比印度人要優越是吧？你可以這樣想，但他們的感覺恰恰相反。你以為自己比愛斯基摩人更優越？你仍然可以這樣去想，可是你是否知道，愛斯基摩人又如何看你呢？在他們那兒，假如有好吃懶做不務正業之徒，愛斯基摩人就指着他的鼻子叫他「白人」，你要知道那是他們輕視人所用的最為刻薄的一句話。

每一個國家、民族都會覺得自己比別的國家、民族顯得更優越，這樣才導致愛國主義，甚至戰爭的產生。

有一條最明顯的人性定律，那就是你所遇到的每個人，應該説幾乎是所有人，都覺得自己某方面比你要優秀得多。這樣的話，就只有一個方法可以深入他們的心底，那就是讓他們覺得你坦誠，他們在自己的小天地是無比高貴的。

別忘記愛默生的話：「在我遇見的人當中，必有值得我學習的人，我學他們比我好的地方。」對某些人而言，剛剛有若干的成就，就自我陶醉，結果引起他人的反感和厭惡。莎士比亞何等精闢地説：「人啊，驕傲的人，憑藉一點短促的才幹，便在上帝面前顯擺作威，天使都為之黯然神傷。」

在我的講習班有三位學員，他們運用了該原理，獲得了完全出乎意料的效果。

第一位，他不願意公佈自己的名字，我們就用 R 先生來稱呼他吧。他是康州來的律師，到講習班還沒多久，那天他陪妻子駕駛汽車去長島拜訪親戚，妻子留下他陪姑媽聊天，她自己則看別的親戚去了。R 君想把在講習班學到的東西實踐一下，以便將來寫報告，他就從姑媽身上着手試試。在屋子裏，他四處瞅瞅，看看有沒有甚麼切入點。

他問姑媽：「這棟房子是 1890 年建造的？」

姑媽回答他：「是的，正是那年造的。」

「這使我想起我出生的那棟房子，」他接着説：「非常漂亮，技術也好。現在的人好像都不看重這些了。」

姑媽感慨地點點頭説：「是啊，你看現在那麼多的年輕人，不再講究住屋的美觀了，他們只要一座小公寓、一個電冰箱，再加上一輛汽車，僅此而已。」

姑媽沉浸在懷舊的記憶當中，輕柔地説：「應該説這是一棟十分理想的房子，這棟房子還有些來歷呢。那時候，我和丈夫就已夢想了很多年。當時，我們沒有請建築設計師，完全是按照自己的想法建造的。」

姑媽領着 R 君參觀各個房間以及她和她丈夫的收藏品。R 君對她一生所收藏的各種珍品：法式床椅、古代英國茶具、意大利名畫，一幅曾經掛在法國舊時代城堡的絲質屏帷，都給予真誠的讚美。

參觀完房間後，姑媽又帶 R 君去車庫，那裏停放着一輛看起來簡直還沒有使用過的別克汽車。

姑媽説：「這是他去世前不久才買的。而他走了後，我就再也沒有開出過這個車庫。你是一個懂得欣賞的人，R，我要把它送給你！」

R 君聽到這話，感到十分驚訝，他婉轉地謝絕了姑媽，説：

「姑媽，感謝您的好心，但我不能接受這麼貴重的禮物，因為我自己有一輛新車了，您還有很多親戚，相信他們會喜歡它的。」

「親戚！」姑媽提高了嗓門說：「是的，我有很多親戚，他們都盼着我快離開這個世界，然後就可得到這車了，但他們永遠不要想。」

R 君進一步說：「姑媽，如果您不想送給那些人，把它賣掉也可以呀。」

「賣了它？」姑媽又叫了起來：「你看我像會把它賣掉的那種女人嗎？難道我忍心看着它在街上被陌生人開着糟蹋？這是我丈夫專門買下送給我的，我無論如何也不會賣的。但我願意給你，因為你懂得它！你也會愛護它的是嗎？」

R 君再一次表示謝意，不接受她的贈予，但他又不能傷害姑媽的一番好心。最後竟然不知道如何收場才好。

我們試着分析一下這位垂暮之年的姑媽的心理。她單獨一人，住在寬敞的房子，屋子裏那些精緻、珍貴的陳設就是她過往的花樣年華的證明，那時她美麗動人，追求者眾。她建造了這棟「愛巢」，從歐洲各地搜集奇珍異品加以陳設。

而現在，這位姑媽老了，行將就木，孤苦伶仃的一個人，她是多麼渴望能獲得人間溫暖、一片真誠的讚美之情，但是卻沒人能給予，而當她找到時，就像沙漠中湧現出的一泓泉水，使她激動得執意要把汽車贈予這個給她帶來溫暖讚美的人。

第二個例子。

這是紐約邁克烏霍親身經歷過的一件事，他本人是一位園藝設計家。他說：

我替一位著名司法官設計園景，那是在我聽了「如何交友和影響他人」的演講後不久的事。那位司法官問在哪裏種些花好。我說：「法官先生，你那幾條狗太可愛了，我聽說牠們得過很多次賽狗會中的藍絲帶優等獎狀。」法官說：「是的，我特別喜歡狗，你有沒有興趣參觀一下我的狗屋？」

他領我去看他的狗和那些獎狀。他拿出狗的家譜，跟我講每隻狗的血統來源，因為優越的血統，他養的狗都十分惹人喜愛。我們前後花去了差不多一個小時。

最後他問我有沒有孩子，我肯定地回答了有，而且是男孩。

他接着又問：「你的小男孩會不會喜歡小狗？」

「嗯，是的，」我說：「他一定會喜歡的。」

司法官點頭說：「太好了，我送他一隻。」

他告訴我怎樣養小狗，過了一會兒他又說：「我這樣說你可能很快就會忘了，讓我寫下來。」那位司法官走進屋去，用打字機打了一大篇關於那小狗的血統、系譜和餵養的方法，非常清楚。他不但送給我一隻價錢不菲的小狗，同時還搭上他一個多鐘頭的寶貴時間。我想，那是我對他的愛好和所取得的成就表示出真摯讚美所獲得的。

現在來看第三個例子，也是我們的學員親身經歷的。

柯達公司的伊斯曼獲得了成千上萬的財富，是因為他發明了透明膠片，使活動電影的攝製獲得了真正的成功，雖然他取得了如此偉大的成就，但他跟平凡人一樣，同樣渴望他人的讚美。

很多年以前，伊斯曼想在洛賈士德建造伊斯曼音樂學校和凱本劇場，紐約俊美座椅公司經理艾達森聞訊後，想承辦該劇場的座椅生意，他打電話給建築設計師，約定一起去洛賈士德跟伊斯曼會面。

艾達森剛到，建築師就說：「我知道，你想得到座椅的那份訂貨合同，不過我告訴你，伊斯曼工作太忙，人很嚴肅，假如你浪費掉他 5 分鐘以上的時間，就別想再做成這筆買賣了。他不但事情忙，脾氣也大得出奇，所以我事先明白地告訴你，你要快速地向他表明來意，然後趕快離開他的辦公室。」

艾達森聽後，準備按他說的去做。他被引進一間辦公室，看到伊斯曼正埋頭處理桌上一堆文件。伊斯曼見有人進來，抬起頭摘下眼鏡，向他們說：「兩位早啊，有甚麼事？」

建築設計師介紹他們認識後，艾達森說：「伊斯曼先生，我很喜歡你的辦公室。如果我擁有像你這樣一間辦公室，我一定也很高興在裏面工作。你曉得我是幹室內木工行業的，還從來沒有見過這樣漂亮的辦公室。」

伊斯曼回答說：「嗯，感謝你。我都差點忘了這事，這間辦公室是不是很漂亮？它剛佈置完成後，我確實很喜歡。但到現在，工作一忙，有時甚至接連好幾個禮拜，注意力都不在這上面了。」

艾達森走到一邊，用手摸摸辦公室的壁板，說：「啊，這是不是英國橡木？它和意大利橡木的品質略有不同。」

伊斯曼告訴他說：「是的，英國進口橡木，是一位專門研究細木的朋友替我精心挑選的。」

接着，伊斯曼帶着他參觀自己的室內設計，如木門、上色和雕刻等。他們站在一扇窗前，伊斯曼表示他要捐一些錢給洛賈士德大學和公立醫院，為社會盡一些義務。艾達森恭賀他說，這是義舉。伊斯曼打開玻璃櫥窗的小鎖，取出他以前買的攝影機，那是向一個英國人買的，這是他的第一架攝影機。

艾達森問他，當初他是怎樣開始他商業上的努力和奮鬥的。伊斯曼感慨萬千地講述自己小時候的事情，他失去丈夫的母親依靠出租房子養家糊口，他自己則在一家保險公司做事，每天只能夠賺到 5 分錢。他飽受飢寒，立志要刻苦奮鬥，出人頭地。

艾達森又提出一些其他話題，然後靜靜地聆聽伊斯曼的說話！

艾達森進伊斯曼辦公室的時間是上午 10 點 15 分，那位建築師告訴他，最多只能待 5 分鐘的，可是一兩個小時都過去了，他們仍然在談論。

最後，伊斯曼說：「上次去日本，我買了幾張椅子，我把它們一直放在陽台上，太陽把上面的漆曬脫了，我又買了些油漆，自己漆好了。你要不要看看我自己漆的椅子？這樣，你來我家，我們一起吃午飯，我讓你看看。」

吃完飯，伊斯曼把漆好的椅子拿給艾達森看，那些椅子每張也許不會超過 2 美元，而富甲天下的伊斯曼卻很自豪，只因為那是他自己親手漆的。

你猜，是誰得到了訂貨合同？難道除了艾達森外，還會有其他人？！凱本劇場座椅這筆訂貨的總額是 9 萬美元。

何等奇妙的試金石！我們該從甚麼地方開始呢？為甚麼不從你我的身邊開始做起呢？比如自己的親戚、妻子、朋友？我相信你的妻子一定有其非比尋常之處，至少曾經是這樣，否則你不會把她娶回家的。可是，你已有多久沒有讚賞她「漂亮」了？

有一年，我獨自居住在加拿大森林的一個帳篷。一次，我在米拉密其河釣魚，我有很多空閒時間，在那裏每天僅能讀到一份報紙，還是小鎮上自己出版的，我幾乎把報上的每一個字都詳細看過一遍甚至好幾遍。有一天，我從報上迪克斯婚姻指導專欄看到她的文章，寫得真好，我把它們剪下來，收集起來。她那篇文章上指出，她已厭煩了人們對新婚女人所講的那些，她認為應把新婚的男人拉到一邊，給他一些好的建議。她的建議是這樣的：「不會甜言蜜語的男人別與他結婚，結婚前讚美自己的女人，那是必然的；婚後給女人以讚美，那也是必須具備的職責。婚姻不只是講責任，還需講究必要的外交策略。」

如果你想過美滿幸福的婚後生活，千萬別輕易指責妻子治家不行，或者拿她和你的媽媽或任何其他人做毫無意義又傷人的對比。反之，你應當讚美她的努力。而且還要有這樣的實際行動，認為自己得到了她這樣一位賢內助是自己的幸運。要是一頓飯煮失敗了，即使你覺得難以下咽，也別抱怨，只能暗示，今天的飯菜沒有過去那樣可口了。妻子會明白你這種暗示，她一定會不辭辛勞，直到把飯做到你滿意為止。

但要記住，不要做得太突然，這會讓她起疑心。

不妨今晚或明晚，為你的妻子買一束鮮花，一盒糖果，除了說好聽的話：「是啊，這是我應該做的。」還需要付諸實踐，給予一個微笑、幾句親暱的話。要是做丈夫的和做妻子的都能這樣，我不相信會有那麼多人鬧離婚。

你想知道怎麼樣可讓一個女人愛上你嗎？有一個秘訣，保證有效。這不是我憑空想出來的，而是迪克斯女士告訴我們的。

迪克斯女士去訪問一位因重婚而成為新聞人物的人，這人曾經獲得 23 個女人的芳心以及她們的錢（附帶說明，這是迪克斯女士在監獄訪問到他的）。迪克斯女士詢問他是如何獲得女人的愛情時，他說並沒有甚麼不可告人的秘密和詭計，你只要對一個女人談論她自己就夠了。

這方法在男人身上同樣有效。

所以，你要使別人喜歡你，第六條規則就是：

讓別人感到他自己的重要，而且要做得真誠。

這本書你已看了將近一半，現在請合上書，你對距離最近的人開始實施這門哲學，去感受這神奇的效果吧。

卡耐基心得 Dale Carnegie's Tip

讓別人感到他自己的重要，而且要做得真誠。

贏得他人同意的十二條規則

你不可能在爭辯中獲勝

釋迦牟尼說：「只有愛才能消滅恨。」
爭強好辯絕不可能消除誤會，只能靠技巧、協調、寬容，
以及同情的眼光去看別人的觀點。

第二次世界大戰剛結束的某一天晚上，我在倫敦學到一個極有價值的教訓。當時我是羅斯．史密斯爵士的經紀人。大戰期間，史密斯爵士曾任澳洲空軍戰鬥機的飛行員，被派往巴勒斯坦工作。歐戰勝利締結和平條約後不久，他在 30 天內飛行半個世界的壯舉震驚了全世界。沒有人完成過這種壯舉，他造成很大的轟動。澳洲政府頒贈他 5 萬美元，英皇授予他爵位。

有一天晚上，我參加一次為推崇他而舉行的宴會。宴席中，坐在我右邊的一位先生講了一段幽默故事，並引用了一句話，意思是：「謀事在人，成事在天。」

那位健談的先生提到，他所徵引的那句話出自《聖經》。他錯了，我知道。我很肯定地知道出處。為了表現優越感，我很多事、很討嫌地糾正他。他立刻反唇相譏，甚麼？出自莎士比亞？不可能！絕對不可能！那句話出自《聖經》，他確定是如此。

那位先生坐在右邊，我的老朋友法蘭克·葛孟在我左邊。他研究莎士比亞的著作已有多年，於是我倆都同意向他請教。葛孟聽了，在桌下踢了我一下，然後說：「戴爾，你錯了，這位先生是對的。這句話出自《聖經》。」

那晚回家的路上，我對葛孟說：「法蘭克，你明明知道那句話出自莎士比亞。」

「是的，當然，」他回答：「哈姆雷特第五幕第二場。可是親愛的戴爾，我們是宴會上的客人，為甚麼要證明他錯了？那樣會使他喜歡你嗎？為甚麼不保留他的面子？他並沒問你的意見啊。他不需要你的意見。為甚麼要跟他爭辯？永遠避免跟人家正面衝突。」

永遠避免跟人家正面衝突。說這句話的人雖然已經去世，但我得到的這個教訓仍長存不滅。

那是我最需要的教訓，因為我向來是個積重難返的好辯者。小時候，我為任何事物都和哥哥爭論。進入大學，我又選修邏輯學和辯論術，也經常參加辯論比賽。後來我在紐約講授演講與辯論，有一度我曾想寫一本這方面的書。從那次之後，我聽過、看過、參加過，也批評過數千次的爭論。這一切的結果，使我得到一個結論，天底下只有一種能在爭論中獲勝的方式，就是避免爭論。要像你躲避響尾蛇和地震那樣避免爭論。

十之八九，爭論的結果會使雙方比以前更相信自己是絕對正確的。你贏不了爭論。要是輸了，當然你就輸了；**如果贏了，**

還是輸了。為甚麼？如果你的勝利使對方的論點被攻擊得千瘡百孔，證明他一無是處，那又怎麼樣？你會覺得洋洋自得，但他呢，你使他自慚，你傷了他的自尊，他會怨恨你的勝利。

「一個人即使口服，但心中並不服。」潘恩富人壽保險公司立下了一項鐵的法則：「不要爭論。」

舉例說明：幾年前，有位很衝動的愛爾蘭人名叫歐哈瑞，上過我的課。他受的教育不多，卻很愛與人爭辯。他做過汽車司機，後來因為推銷貨車不成功而求助於我。我問了幾個簡單的問題，就發現他老是跟顧客爭辯。如果對方挑剔他的車子，他立刻會漲紅臉大聲辯解。歐哈瑞承認，那時候，他在口頭上贏了不少辯論。他後來對我說：「我老是走出人家的辦公室時對自己說：『我總算整了那笨蛋一次。』我的確整了他一次，可是我甚麼都沒有賣出去。」

我的第一個難題不在於歐哈瑞怎麼說話，我立即要做的是，訓練他如何自制，避免口角。歐哈瑞現在是紐約懷德汽車公司的明星推銷員。他怎麼成功的？這是他的說法：

如果我現在走進顧客的辦公室，而對方說：「甚麼？懷德貨車？不好！你送我我都不要，我要的是何賽的貨車。」我會說：「老兄，何賽的貨色的確不錯。買他們的貨車絕對錯不了。何賽的車是優良的公司產品，業務員也好得不得了。」

這樣他就無話可說了，沒有爭辯的餘地。如果他說何賽的車子最好，我說沒錯，他只有住口了。他總不能在我同意他的看法後，還一個勁地說何賽的車子最好。接着我們不再談何賽，我就開始介紹懷德的優點。

當年若是聽到他那種話，我早就氣得臉一陣紅一陣白了。我會開始挑何賽的錯；我愈批評別的車子不好，對方就愈說它好；愈辯之下，對方就愈喜歡我的競爭對手的車子。

現在回憶起來，真不知道過去是怎麼幹推銷工作的。我一生中花了不少時間在爭辯，我現在守口如瓶了，果然有效。

正如睿智的本傑明．富蘭克林所說的：「如果你老是爭辯、反駁，也許偶爾能獲勝；但那是空洞的勝利，因為你永遠得不到對方的好感。」

因此，你自己要衡量一下：你寧願要那些字面上、表面上的勝利，還是別人對你的好感？

你在爭論中可能有理，但要想改變別人的主意，卻是徒勞。

威爾遜總統任內的財政部長威廉．麥肯鐸，將多年政治生涯獲得的經驗歸結為一句話：「靠辯論不可能使無知的人服氣。」

「無知的人」，麥肯鐸說得太保留了。據我本人的經驗，不論對方聰明才智如何，你也**不可能靠辯論改變任何人的想法**。

比方說，所得税顧問派生，為了一筆關鍵性的 9,000 美元款項，跟一位政府税務稽核員爭論了一個小時。派生解釋這 9,000 美元事實上是應收賬款中的呆壞賬，不可能收回來，所以不該徵收所得税。那位稽核員反駁道：「非徵不可。」

「那位稽核員非常冷酷、傲慢，而且頑固。」派生在課堂上說：「我說任何事情和理由都沒有用……我們愈爭執，他愈頑固，所以我決定不再同他理論，開始改變話題捧他幾句。」

我說：「比起其他要你處理的重要而困難的事情，我想這實在是不足掛齒的小事。我也研究過稅務問題，但那是書上的死知識。你的知識全是來自實際工作的經驗。有時我真想有份像你這樣的工作，那樣我就會學到很多。」我說得很認真。

這下，稽核員在椅子上伸直身子，花很多時間談論他的工作，告訴我，他發現過許多稅務上的鬼花樣，他的口氣慢慢地友善起來；接着又談起他的孩子。臨別時，他說要再研究一下我的問題，過幾天會通知我結果。

3 天後，他打電話到我辦公室，通知我那筆所得稅決定不徵了。

這位稅務稽核員表現出人性最常見的弱點：他要的是一種重要人物的感覺。派生愈和他爭論，他愈要高聲強調職務上的權威。但一旦對方承認了他的權威，爭執自然偃旗息鼓，有了擴張自我的機會，他就變成一位富於寬容和有同情心的人了。

拿破崙的家務總管康斯丹在《拿破崙私生活拾遺》中，寫到拿破崙和約瑟芬打桌球時曾說：「雖然我的技術不錯，但我總是讓她贏，這樣她就非常高興。」我們可以從康斯丹那兒學到顛撲不破的真理，讓我們的顧客、情人、丈夫、太太，在瑣碎的事上贏過我們。

釋迦牟尼説：「只有愛才能消滅恨。」爭強好辯絕不可能消除誤會，只能靠技巧、協調、寬容，以及同情的眼光去看別人的觀點。

林肯有一次斥責一位和同事發生激烈爭吵的青年軍官。林肯説：「任何下定決心要有所成就的人，決不會在私人爭執上耗費時間。爭執的後果不是你能承擔的，而後果包括發脾氣，失去自制。要在跟別人具有相等權利的事物上多讓步一點；與其跟狗爭道，被牠咬一口，倒不如讓牠先走。就算宰了牠，也治不好你被咬的傷。」

《點點滴滴》（*Bits and Pieces*）是一本聞名於世的暢銷書，書中的一篇文章，提出了怎樣避免各自歧異的意見成為爭論的建議：

一、歡迎不同的意見並記住這一句話：「當兩個夥伴意見總是不同時，其中之一就不需要了。」如果有些地方你沒有想到，而有人提出來的話，你就應該衷心感謝。不同的意見是你避免重大錯誤的最好機會。

二、不要相信你直覺的印象。當有人提出不同意見時，你第一個自然的反應是自衛，你要慎重。你要保持平靜，並且小心你的直覺反應。這可能是你最差勁的地方，而不是你最好的地方。

三、控制你的脾氣。記住，你可以根據一個人在甚麼情況下會發脾氣的情形，測定這個人的度量和成就究竟有多大。

四、先聽為上。讓你的反對者有說話的機會，讓他們把話說完；不要抗拒、防護或爭辯。否則的話，只會增加彼此溝通的障礙；努力建立了解的橋樑，不要再加深誤解。

五、尋找相同的地方。在你聽完了反對者的話以後，首先去想你同意的意見。

六、要誠實承認你的錯誤，並且老實地說出來。為你的錯誤道歉，這樣可以有助解除反對者的武裝和減少他們的防衛。

七、同意仔細考慮反對者的意見。同意要出於真心，你的反對者提出的意見可能是對的。在這時，同意考慮他們的意見是比較明智的做法。如果等到反對者對你說：「我們早就要告訴你了，可是你就是不聽。」那你就難堪了。

八、為反對者關心你的事情而真誠地感謝他們。任何肯花時間表達不同意見的人，必然和你一樣對同一件事情感到關心。把他們當做要幫助你的人，或許就可以把你的反對者轉變為你的朋友。

九、延緩採取行動，讓雙方都有時間把問題考慮清楚。建議當天、稍後或第二天再舉行會議，這樣所有的事實才可能都考慮到了。在準備舉行下一次會議的時候，要問問自己：反對者的意見，有沒有可能是對的？還是有部分是對的？他們的立場或理由是不是有道理？我的反應到底是在減輕問題或是只不過在減輕一些挫折感而已？我的反應會使我的反對者遠離我還是親近我？我的反應會不會提高別人對我的評價？我將會勝利還是失敗？如果我勝利了，我將要付出甚麼樣的代價？如果我不說話，不同的意見就會消失了嗎？這個難題會不會是我的一次機會？

所以，第一條規則是：

在辯論中，獲得最大利益的唯一方法，就是避免辯論。

卡耐基心得 Dale Carnegie's Tip

在辯論中，獲得最大利益的唯一方法，就是避免辯論。

如何避免製造敵人

假如你想糾正別人的錯誤，就不要直白地說，
那需要運用一種很巧妙的方式才不會得罪對方。

羅斯福還主宰白宮時，他曾誠懇地承認，假如每天有 75% 的決定是正確的，那麼他已是達到自己最高程度的標準了。

要是這所謂的最高標準是 20 世紀一位最備受矚目的大人物所希望的，那麼我們又該怎麼去做呢？

要是你可以肯定，在你一整天有 55% 的時候是正確的，你完全可以去華爾街日進斗金，買遊艇，娶女明星了。相反，要是你不能確定，那麼你憑甚麼指責人家的荒唐與錯誤呢？

你可以用你的神態、聲調或是肢體語言告訴一個人，他確實錯了，就像用口頭表達一樣；而假如你告訴他他錯了，你以為他會為此而感激不盡嗎？不會的，永遠不會！因為你對他的智商、判斷力、自信心、尊嚴等都直接給予打擊，這不但不會改變他的意志，相反他會向你反擊。要是你運用柏拉圖和康德的邏輯跟他講道理，他也不會改變自己的意志，因為你傷害到了他的尊嚴。

千萬不能這樣說：「既然你不願承認自己有錯，我就證明給你看看。」你這樣的話是等於在說：「我就是比你聰明，而且我還可以用事實來糾正你的錯誤。」

這是一種公開的挑戰，會引起對方極度的不滿、反感，不會等你再開口，他就已準備好迎戰了。

即使用最溫和的話語來改變他人的意志也是非常難的，更何況處於那種不自然的情景下，**你為甚麼不控制自己呢**？

假如你想糾正別人的錯誤，就不要直白地說，那需要運用一種很巧妙的方式才不會得罪對方。

就像吉士爵士向他兒子說的：

「就算你比人家聰明，但你卻不能明擺着告訴他你比他聰明。」

人們的觀念時時刻刻都在改變，20 年前我認為正確的事，現在看來卻又不對了。甚至當我研究相對論時，我也持懷疑態度。再過 20 年，我或許不相信自己在這本書上寫的。現在，我對任何事情都不像年輕時候那樣隨便下結論了。蘇格拉底屢次對門徒說：「我所懂得的只有一件事，那就是我一無所知。」

我不希望看到自己裝得比蘇格拉底還要聰明，因此我也避免直接告訴他們說他哪裏錯了，同時，我也覺得那對我有好處。

要是有人說了一句你認為是錯的話，你知道他錯了，何不用這樣的口氣來提出，效果要好得多：「那好吧，我們探討一下……我可能有別的看法；當然，也許它不對，我經常把事情弄錯，要是我錯了，我願意改正……其實，我的意思是……」等。

全世界的人，都不會因為你說「你或許不對的，讓我們看看，究竟是怎麼一回事」這樣的話而責怪你。

即使是科學家也是如此……一次，我去訪問史蒂文森，他既是科學家，也是一位探險家，他曾在北極住了 11 年，其中 6 年只有水和肉，沒有其他任何可吃的東西。他告訴我，他正在進行一項實驗！我試着問他該項實驗是做哪方面的求證。他的回答使我永遠難忘：「一個科學家永遠不敢求證甚麼，我只試着去尋找事物的本來面目。」

你想讓自己的思想邏輯化是不是？好，這沒有人能阻止你，除了你自己。

假如你承認自己隨時都可能犯錯的話，也就能免去一切不必要的麻煩，更不需要與任何人爭論。要是你知道某人確實犯了錯，你坦率地告訴他、指責他，這會有甚麼後果你知道嗎？我舉出一個特例：

S 君是紐約一位年輕有為的律師，在美國最高法院辯護一件重要案子，關鍵是這樁案件牽涉到一筆巨額款項和一項重要法律問題。

在辯護過程中，法官向 S 君說：「海軍法的申訴期限是 6 年，對不？」

S 君沉默了一會兒，看着法官，然後說：「法官先生，海軍法中並無這樣的條文。」

S君在講習班中把當時的情況講了一下，他說：「我這話一出口，整個法庭頓時陷入沉寂，屋子裏的氣溫剎那間降到了最低點。我相信我是對的，法官錯了，但我說出來了。可是他是否就會對我十分友善，不……我相信自己有法律上的可靠依據，我也清楚自己那次講的比以前任何時候都好，但最後我並沒有說服這位法官，我犯的錯誤在於我當面告訴這位極有學問而又十分著名的人，他是錯的。」

基本上，很少真正有人具備邏輯推理能力，大多數人懷有成見，我們之間都備受忌妒、懷疑、恐懼和傲慢傷害。太多的人不願意改變他們的意志、髮型等。假如你打算要告訴一個人他有錯時，請你在每日早餐時，把魯賓遜教授所寫的一段文章唸上一次。他這樣寫：

有時，我們發現自己會在毫無抵抗和阻力中改變了自己的意志和意念。但是假如有人告訴我們所犯下的錯誤時，我們卻會羞愧和懷恨。我們不會去注意一種意念的自然轉變，但一旦有人要抹去我們那份意志時，我們對這份意志的堅定性就會突然變得固執。這並非因為我們對那份意志有強烈的偏向，而是我們的自尊受到了傷害。

「我的」這兩個字是人類最重要的辭彙之一，假如能夠恰當運用這兩個字，那就是智慧的開始。不管是「我的」飯、「我的」狗、「我的」房子、「我的」父親、「我的」上帝等，這名詞具有同等無窮的力量。

我們不是反對指出錯誤，而是根本不願意看到有人糾正我們的任何錯誤。我們認為「對」的事總樂意全心全力去繼續堅持。要是突然有人對我們有某種懷疑，就會激起強烈的反感，不惜使用各種手段來為自己辯護。

一次我請室內裝修師替我配置了一套窗簾，賬單送來後，我嚇了一大跳。

幾天後，我的朋友來我這兒正好看到我的新窗簾，提到價錢時她幸災樂禍地說：「甚麼？這太恐怖了，但恐怕是你自己不小心才上當受騙的吧！」

真有這回事？是的，她說的句句屬實，可是人們不願意聽這樣的說話，忠言總是逆耳。所以，我竭力地為自己這樣辯護：一分錢一分貨，貴的就是好的。

第二天，又有一個朋友來這兒，她很欣賞那套窗簾，誠懇地說好，她表示，自己也想有一套這樣的窗簾。我聽到這話後，跟昨天的反應完全兩樣。我說：「老實說，這套窗簾價錢偏貴了，我後悔買了它。」

當我們有錯時，我們有可能會自己承認；假如對方還能給予我們承認錯誤的機會，我們則會十分感激，不用提醒就自然地承認了。但是若硬要把不合胃口的東西往肚裏塞，那是很愚蠢的做法。

內戰時，跟林肯政見不合的著名評論家格利雷，以為他用嘲笑和謾罵可以讓林肯接受他的話，使之屈服。他一月又一月，一年又一年地攻擊林肯，就在林肯被刺的那天晚上，他還寫了一篇粗魯、刻薄的嘲弄林肯的文章。

這些能使林肯屈服嗎？永遠不能。

假如你想知道人與人之間怎樣可以相處得更好，怎樣將你自己管理好，又怎樣改善自己的人格、品性，你不妨去看看《富蘭克林自傳》，這是一部饒有趣味的傳記體作品，是部文學名著。

在書中富蘭克林講述，他怎樣努力改正自己好辯的惡習，使他自己成為歷史上和藹的、善於外交的風雲人物。

富蘭克林青年時也經常犯錯，一次，教友會的一個老教友把他叫到旁邊，嚴厲地教訓了他一頓。「朋友，」這位老教友說：「你打擊與你意見歧異的人，太不應該了！現在，沒有任何人會在乎你的說話。朋友都發覺，如果你不在場，他們會得到更多的快樂。因為你知道得太多了，以致再也不需要有任何人告訴你任何事情……事實上，你除了擁有現有的知識外，不會知道得更多了，而那非常有限，你明白嗎？」

據我所知，富蘭克林之所以能取得那麼偉大的成功，在很大程度上要感謝那位老教友尖銳有力的指點。那時的富蘭克林已不小了，他有足夠的辨別能力領悟其中的深意。他已深深懂得，假如自己不痛改前非，將會遭到朋友的拋棄。由此，他把自己過去一切不良的習慣統統加以反省，並改了過來。

富蘭克林這樣說：

我為自己訂了條規定，我不讓自己在意念上跟任何人有相抵觸的地方，我不再固執地肯定自己的見解，凡有使用肯定含意的字句如「當然」、「無疑」這樣的話，我都改用「據我的推斷」、「我的揣測是」或「我想像」等說話來代替，當有人願意指出我的錯誤時，我首先叮囑自己立刻放棄反駁對方的念頭，而是立即轉入婉轉的對話，在某種情況下，他所指的可能是正確的，但是現在可能略有不同。

沒有多久我就感覺到因自己態度的改變所帶來的好處。現在我參與每一次談話時，都感到更加融洽、愉快了。我能平和地提出自己的看法，他們也很快就接受，反對的阻力大為減低。而當人們指出我的錯誤時，我並不感到憤怒。在我「正確」的時候，我更容易勸他們放棄錯誤的路線，接受我的意見。

起先這樣做時，「自我」會異常激烈地趨向敵對，自覺反抗，後來就很自然，並形成習慣。在過去的50年中，或許已沒有人聽我說出一句顯得武斷的話來。在我看來，那是因為得益於這種習慣的形成，每次我提出一項建議時，幾乎都能得到人們熱烈的擁護和支持。我並不擅長演講，口才不好，用字十分艱澀，說出來的話也不是很得體，但大部分我的意見和建議都能獲得普遍的接受和贊同。

富蘭克林的方法在商業上效果又如何呢？我們看以下兩個例子：

紐約自由街114號的瑪霍尼出售一種煤油業專用器材。一位來自長島的老主顧向他預訂了一批貨。器材的樣圖已批准，機件已經進入流水線，正在製造中。但不幸的事突然發生了。

這位老客戶跟他的朋友談起訂造器材這件事，而朋友又提出了很多意見，有的説太寬，有的説太短，總之這個那個的，聽各位朋友一講，他頓時感到不安。這客戶打了個電話給瑪霍尼，説要取消訂貨，並拒絕接受那批正在製造中的機件設備。

瑪霍尼先生説出當時的情形：

我很認真地查看了，發現我們並沒有錯誤⋯⋯我知道這是他和他的朋友不清楚這些機件製造的過程。可是，如果我直率地說出那些話來，不但不恰當，而且會令這項業務的進展產生危機。所以我去了一趟長島⋯⋯我剛進他辦公室，他馬上從座椅上跳了起來，指着我聲色俱厲地斥責，要跟我打架似的。最後他說：「現在你打算怎麼辦？」

我心平氣和地告訴他，他有甚麼打算我都可以幫忙。我對他這樣說：「你是出錢的人，當然要給你所適用的東西。如果你認為你是對的，請你再給我一張圖樣⋯⋯雖然由於進行這項工作，我們已花去 2,000 美元。我情願犧牲 2,000 美元，把進行中的那些工作取消，重新開始做起。

「不過我想把話先說清楚，如果我們按你現在給我的圖樣製造，有任何錯誤的話，那責任在你，我們不需要負任何責任。可是，如果按照我們的計劃，出現任何差錯，則由我們全部負責。」

他聽我這樣講，這股怒火似乎漸漸平息下來，最後他說：「好吧，照常進行好了，如果有甚麼不對的話，只求上帝幫助你了。」

最終結果表明是我們做對了，現在他又向我們訂下兩批貨。

當那位客戶侮辱我，幾乎要向我出手，指責我不懂自己的業務時，我用了我所有的自制力，盡量不跟對方爭論辯護。那需要有極大的自制力，可是我做到了，那是值得的。

當時如果我告訴他，那是他的錯誤，並開始爭論起來，說不定還會向法院提出訴訟。而其結果不只是雙方互生惡感及經濟上的損失，同時還會失去一個極重要的客戶。我深深體會到，如果直率地指出人家的錯誤，那是不值得的。

讓我們再看另一個例子——記住，我所舉的例子，你隨時可能會遇到！情形是這樣的：紐約一家木材公司的推銷員克勞雷，這些年來一直在說木材檢查員的錯處，他常在爭論辯護中獲勝，可是從沒有得到過一點好處。

由於好爭辯，克勞雷使木材公司損失了上萬元的錢。後來他來我的講習班聽講後，決定改變方針，不再爭辯了……結果如何呢？這是他提出的報告：

有一天早上，我辦公室的電話鈴響了，那是一個憤怒的顧客打來的，他說我們送去工廠的木材完全不適用。他工廠已停止卸貨，並且要求我們立即設法把那些貨從他們工廠運走。當他們在卸下四分之一的貨時，他們的木料檢查員說，木料在標準等級以下 55%，在這種情形下，他們拒絕收貨。

我知道這情形後，立即去他的工廠……在路上，我心中盤算着，如何才是處理這件事的最好方法。在平常我遇到這種情形時，就需引證出木料分等級的各條規則；同時以我自己做檢查員的經驗和常識，來獲取那位檢查員的信任。

我有充分的自信，木料確實是合乎標準，那是他檢查時誤解了規則。可是，我還是運用了從講習班中所學到的原則。

我到了那家工廠，看到採購員和檢查員的神色都很不友善。似乎已準備好要跟我談判交涉。我到他們卸木料的地方，要求他們繼續下貨，以便讓我看看哪裏出錯。我請檢查員把及格的貨放在一邊，把不及格的放在另一邊。

經我細心觀察後，發現他的檢查似乎過於嚴格，而且弄錯了規則。這次的木料是白松，我知道這位檢查員只學過關於硬木的學識，而對於眼前的白松並不是很在行。至於我則對白松知道得最清楚，可是，我是不是對那檢查員不友善？不，絕對沒有。我只注意他如何檢查，試探地問他不及格的原因是甚麼，並沒有任何暗示或指責他是錯誤的。我只作這樣的表示——為了以後送木材時不再發生錯誤，所以才接連地發問。

我以友好合作的態度，跟那位檢查員交談，同時還稱讚他謹慎、能幹，說他找出不及格的木材來是對的。這樣一來，我們之間的緊張氣氛漸漸地消失，接着也就融洽起來了。我極自然地插進一句經我鄭重考慮過的話，使他們覺得那些不及格的木材，應該是及格的。可是我說得很含蓄、小心，讓他們知道我不是故意這樣說的。

漸漸地，他的態度改變了！他最後向我承認，他對白松那類的木材並沒有很多的經驗，他開始向我討教各項問題。我便向他解釋，怎樣才是一塊合乎標準的木材。可是我又作這樣的表示：如果這批木材不符合他們的需要，他們可以拒絕收貨。最後，他發現錯誤在他自己，原因是他們並沒有指出需要上好的木料。

我走後，這位檢查員再將全車的木材檢查一遍，而且全部接收下來，同時我也收到一張即時支付的支票。

從這件事可以看到，只要運用恰當的談話技巧，並不需要直接揭示對方的錯誤。我這麼做，不但為公司省下大筆金錢，最重要的是贏得客戶的好感，那是無法用錢估價的。

本章中我並沒有説甚麼新的理論。早在 2,000 年前，耶穌曾經這樣説過：「要愛你的敵人。」換句話説，就是要讚美你的反對者，再日常一些就是別跟你的顧客、妻子、敵手爭辯，別指責説誰錯，不要激怒，而是用點外交手段。在耶穌降生的 2,200 年前，埃及國王教導他兒子時説：「一定要用外交手腕，才能助你達到你所期望的目標。」

所以，如果你要獲得人們對你的同意，那第二條規則是：

尊重他人的意見，永遠不要指責對方：「你錯了」。

卡耐基心得 Dale Carnegie's Tip

尊重他人的意見，永遠不要指責對方：「你錯了」。

如果你錯了就要承認

爭奪，不會讓你得到更多。

可是當你謙讓時，你可以得到比你所期望的更多。

我住在紐約的那個地方，出門步行幾百米就有一片林子。春天來臨時，鮮花盛開，松鼠在築巢，餵育小松鼠，馬尾草長得差不多有馬那麼高，人們給這塊完整的樹林取了個名字叫森林公園。

那真是一座漂亮的樹林，我經常帶着我的雷克斯去公園散步，這是一隻波士頓哈巴狗，別提牠有多可愛了，公園裏很少人來，我常常不替雷克斯繫皮帶和戴口罩。

一天，我和雷克斯在公園，但一個騎着馬的警察來了，他急於要顯示權威，向我大聲說道：「你的狗不戴口罩，在這裏亂跑，難道你不知道這是違法的嗎？」

我溫和地回答說：「哦，我知道，不過我想牠不至於在這裏傷害到人。」

那警察頭抬得高高地說：「你想，不至於，可法律不管你怎麼想。你那條狗會傷害這裏的松鼠，也會咬傷來公園玩的孩子。

這次我就不處罰你了，下不為例，否則就要嚴懲了。」

我點頭答應按照他所說的話去做。

我是真的聽那警察的話的，但只聽了幾次。因為雷克斯不喜歡口罩，我也不大願意給牠套上這一個東西，我們決定碰碰運氣。起初安然無事，但我們終於又碰上了。那次，雷克斯跑到一座小山上，一個勁地朝前看去，一眼就看到了騎馬而來的警察，雷克斯不會知道先前的約定，牠在我前面蹦蹦跳跳的，還朝警察直奔過去。

這次我知道要壞事了，不等警察開口，自己乾脆認錯算了：「警察先生，我願意接受您的處罰，上次您講過，在這裏，狗不戴口罩是違法的。」

沒想到警察用了柔和的口氣説道：「我曉得在沒有人的時候，帶一頭狗到公園散散步是很有意思的事情！」

我苦笑了一下，説：「是的，挺有意思。只是，我已觸犯了法律。」

那警察反倒替我辯護：「像這樣一隻哈巴狗，不可能傷害人的。」

我卻顯得很認真地説：「可是，牠有可能會傷害松鼠吧！」

那警察對我説：「那你把事情看得過於嚴重了，我告訴你該怎麼辦，你讓那小傢伙跑過山去，別讓我看到就是了，這件事也就算過去了。」

警察作為一個人，他也需要獲得自重感。當我承認自己不對時，他唯一能滋長自重感的方式就只有採取寬大的態度來對待我的道歉，以顯示出他的仁慈與悲憫。

要是我跟他爭論、辯護，那結果會完全相反。我不跟他辯論，**我的出發點建立在他是完全正確的，而我絕對錯誤**。因此在心理上，我得迅速、坦白地承認自己的錯誤，這件事由於我事先表達了他說過的話，於是他反過來替我辯護，事情也就圓滿地結束了，他也不再用法律來唬我了，不像上次那樣，他完全寬恕了我。

假如我們已知道一定要受到責罰，何不先求得自責的機會，說出自己的錯誤，那不是比從別人口中說出要好受得多嗎？

如果你在受責備之前，很快找到機會承認自己的錯誤，對方想要說的你已替他說了，他就沒有甚麼可說的了，那你會有99%獲得他諒解的可能。正像那騎馬的警察對我和雷克斯一樣。

華崙是一位商業畫家，他就使用這種方式得到了一個粗魯無禮的顧客的好感。

事情的經過是這樣的：

在替廣告商和出版商繪畫時，精確無誤的製圖完稿是最重要的。

有些編輯要求快速達到他們的要求。這樣的話，很難避免在一些細節上犯錯誤。在我所認識的人當中有位負責美術方面業務的客人，最喜歡雞蛋裏挑骨頭，我常常因此起身離去，鬧得極不愉快。問題並非在於他的批評和挑剔令我不爽，而是因為這位美術主任所指出的那些所謂的毛病，根本不恰當。

一次，我去交畫。不久接到他的電話，要我馬上去他的辦公室。不出所料，他滿臉怒容地在那等着我。我突然想到在講習班學到的「承認自己的錯誤」這一招，所以馬上見機說：「先生，我知道你會不高興，那是我無可寬恕的疏忽，我給你畫這麼多的畫，應該知道怎樣畫才是……我真感到慚愧啊！」

他聽我這樣一說，馬上替我分辯起來：「是的，話雖如此，不過總體還不算太壞嘛，只是……」

「不管程度如何，」我插嘴接上說，「總會受到影響，讀者看了會不喜歡。」他要插嘴進來，但我不讓他說，這大概是我有生以來第一次自我批評吧，我是願意這麼做的。所以我接着說：「平時你就很照顧我的生意，我應該加倍小心，你應該得到你所滿意的作品。這幅畫我帶回去，重新畫一張。」

他搖搖頭，說：「不，不，我不想浪費你的時間。」他開始稱讚我，而且還很實在地對我說，他所要求的只是作一個小小的修改就行了。他又指出，這一點小錯誤，對他公司的利益不會有甚麼損害。他又告訴我，這是一個極細微的小錯，不要太在意。

由於我急於批評自己，使得他怒氣全消，笑逐顏開。最後，他請我吃午飯，當我們分手的時候，他簽了一張支票給我，並把另外一件工作委託給我。

任何一個愚蠢的人，都會盡力辯護自己的過錯，而一個能承認自己錯誤的人，卻可使他出類拔萃，並且給人一種尊貴、高尚的感覺。

有這樣一個例子：據史料記載，當年美國南方的李將軍做過一樁最完美的事，就是他為匹克德在蓋茨堡之役的失敗歸咎到自己身上。

匹克德的那次衝鋒戰，是西方歷史中最光榮生動的一次戰役。匹克德風度翩翩，長得非常英俊。他那紅褐色的頭髮留得很長，幾乎披落到肩背上，像拿破崙在意大利戰役中一樣，他每天在戰場上都忙着寫他的情書。

在那慘痛的七月的一個下午，他得意地騎着馬，奔向聯軍陣線，那股英武的姿態贏得所有部下士兵的喝彩，並都追隨着他向前挺進。北方聯軍陣線的軍隊遠遠朝這邊看來，看到這樣的隊伍，也禁不住發出一陣低聲的讚美。

匹克德帶領的軍隊迅捷地往前推進，經過果園、農田、草地，穿過山峽，即使敵人的炮火朝他們猛烈地襲來，他們依然勇敢地向前推進。

突然間，埋伏在墓園石牆隱蔽處的聯軍，從後面一擁而出，用步槍不停地對着沒有準備的匹克德軍隊射擊，頓時，山頂烈火熊熊，有如火山爆發。在幾分鐘內，匹克德帶領的 5,000 大軍，幾乎有 80%都倒了下來。

阿密斯特帶着殘餘的軍隊，越過石牆，用刀尖挑起軍帽並用激勵的聲音喊道：

「兄弟們，殺啊！」

頓時士氣大增，他們越過石牆，短兵相接，一陣肉搏戰之後，終於把南軍的戰旗插上了那座山頭。

戰旗飄揚在山頂，雖然時間很短暫，卻是南方盟軍戰功的最高記錄。

匹克德在這場戰役中雖然獲得了人們對他光榮、勇敢的讚譽，可是也是他結束的開始——李將軍失敗了！他知道已無法深入北方。

南方戰敗了！

李將軍受到重創，懷着悲痛沮喪的心情向南方同盟政府領導人——戴維斯總統提出辭呈，請另派「年輕力強的人」前來領導軍隊。只要李將軍想把匹克德的慘敗歸罪到他人身上，他就可以找出 10 個、20 個、甚至上百個藉口來，他隨口可以舉出如師長不盡職、後援部分太遲，不能及時協助步兵進攻等。

但李將軍並沒有將責任歸咎於他人。當匹克德帶領殘軍回來時，李將軍隻身單騎去迎接他們，令人敬畏地說道：「這次戰役的失敗，我應該負所有的責任。這都是我的疏忽啊。」

在歷史有載的名將中，很少有人有他這份勇氣和品德，敢於坦蕩地承認自己的錯誤。

賀巴特是一個對讀者有很強蠱惑性的作家，他文字上的譏諷常常引起人們對他的反感和不滿。可賀巴特有他一套獨特的化解恩仇的技巧，他可以將敵人變成朋友。

例如，當有一些憤怒的讀者寫信去批評他的作品，賀巴特會給他們這樣一個回答：

是的，在我仔細考慮之後，連我自己也無法完全贊同自己的想法。昨天寫的那些，今天也許我就不以為然了。我很想知道你對這個問題的具體看法，如果下次你到附近來，歡迎你來我這裏坐坐，我們可以就這個問題再深入討論。

如果你接到這樣一封信，你能説些甚麼呢？

若是我們對了，我們巧妙婉轉地讓別人贊同我們的觀點。可是，**當我們錯誤時，我們要快速、坦率地承認錯誤**。運用這種方法，不但能獲得驚人的效果，而且在若干情形下，比替自己辯護更為有趣。

別忘了這樣一句古話：「爭奪，不會讓你得到更多。可是當你謙讓時，你可以得到比你所期望的更多。」所以，你要獲得人們對你的贊同，你該記住第三條規則：

如果是你錯了，那麼就立刻真誠地承認自己的錯誤。

卡耐基心得 Dale Carnegie's Tip

如果是你錯了，那麼就立刻真誠地承認自己的錯誤。

從友善開始

如果我們退一步，用真誠的態度、
和善的友誼、溫和的言語，則有可能化解仇恨。

盛怒之下你對別人發上一輪脾氣，對你固然可以發洩心頭的氣憤，可是別人又會怎麼想呢？他能分享你的輕鬆和快樂嗎？你那挑釁的口氣、仇視的態度，他是否能接受得了？

威爾遜總統說：「你握了兩個拳頭來找我，我可以明白地告訴你，我的拳頭比你的還會握得更緊。」

如果稍稍換一種方式，比如：「你到我這兒來一下，我們商量一下，如果我們有不同意見，那麼不妨一起找出原因，看看癥結到底在哪裏？」不久我們就可以看出，彼此思想上的差距並不是很遠，同多異少。換言之，只要善於忍耐，加上雙方的誠意，問題就可以解決了。

小洛克菲勒對威爾遜總統這句話所包含的道理極為欽佩。那已經是 1915 年的事了，小洛克菲勒在康州還是一個不起眼的人物。那次罷工也是美國工業史上流血最多的一次，震驚了全州，前後達兩年之久。

礦工要求康州煤鐵公司加薪，而煤鐵公司的董事就是小洛克菲勒。一開始礦工毀壞房產，最後不得不調動軍隊前來實施鎮壓。流血事件接二連三地發生，很多礦工死傷在軍隊的槍口之下。

仇恨縈繞在每一個角落，可是小洛克菲勒的使命是首先要獲得礦工的諒解，讓他們回到生產崗位上去，而他真的做到了。他又是如何做到這一切的呢？

小洛克菲勒費了幾個星期的時間去拜訪工人和工人家屬，然後他對工人代表演說。這一招發生了驚人的效果，把眾工人的憤怒完全平息下來，這一篇演講稿也是他成功的傑作。當他完成演說時，當即獲得很多人的讚賞。在這場演講中，他表現了極為友善的態度，使那些罷工的礦工，一個個回到自己的崗位上去。無疑，其中最重要的、眾所關心的就是加薪問題，可是工人在這件事上竟然沒有提到一個字。

以下就是這篇著名的演講稿，注意它在語句間流露出來的精神。別忘了，小洛克菲勒這次演講是講給幾天前還企圖在酸蘋果樹上吊的工人聽的。可是他所說的話比醫生、傳教士更和藹謙遜。

小洛克菲勒開始就說：

這是最為值得紀念的一天，在我的一生中，這是我第一次有幸和公司勞工代表、職員，及督察委員會的朋友聚在一起，使我備感榮幸，終生難忘。假如是兩個星期之前舉行這個會，在你們中間，即使有認識的，也很少，我站在這裏簡直就像個陌生人！

前些日子，我有機會去南煤區你們的住所，跟各位代表做過個別的談話，拜訪過你們的家庭，見到你們的妻子和孩子，所以今天我們在這裏見面，就算是朋友，而不是陌生人了。在這種友好互助的精神鼓舞之下，我很高興有這樣的機會，跟大家一起討論有關我們共同利益的事，以及我們的前途。

來參加這次聚會的成員中，包括公司的職員和勞工代表，我能站在這裏，都是因為承蒙你們的厚愛。雖然我既非公司職員，也不是勞工代表，但是我覺得我和大家的關係異常密切，因為我是代表股東，也是董事會成員。

這樣的演講，難道不是化敵為友的一個最具體的例子？

如果小洛克菲勒不顧後果和眾礦工大辯一場，在他們面前，用罷工帶來的既成事實斥責和威脅他們，指出他們犯的錯誤，那麼結果又將如何呢？可想而知，那一定會激起更大的憤怒與仇恨，礦工會有更多的反抗，堅持自己的罷工大潮。

假如有這樣一個人，事實上在生活中就存在，他心中對你已經抱有成見和厭惡情緒，你就是找出所有最有道理的理由來也不能讓他接受你的觀點，強迫不能使他接受你的意見。然而，如果我們退一步，用真誠的態度、和善的友誼、溫和的言語，則有可能化解仇恨。

大概在 100 年前，林肯就說過類似的話，他說：「一加崙的膽汁不能比一滴蜂蜜捕捉到更多的蒼蠅。」這是一句古老而真實的格言。對待他人也是如此，想要他人贊同你的觀點，首先要讓他相信你是忠實的朋友，那麼你算是走向寬暢而理智的大道上去了，因為**首先有一滴蜂蜜注進了他的心**。

現在再舉個例子來説：懷特汽車公司旗下有 2,500 名工人，為了增加薪水，工會組織罷工的時候，那家公司的經理伯雷克並沒有震驚、憤怒、斥責、恫嚇，甚至連指責他們這是一項暴行的話都沒有説，相反對工人大加稱讚。在報上他登了一則廣告，稱頌他們的嘉行，那是「放下工具以求和平之舉」。看到罷工的糾察人員閒得無聊，他便去為他們買了棒球，請他們打球。他還為那些愛玩保齡球的工人租了一間大屋子供他們玩樂。

伯雷克的和善收到成效了。不久，罷工工人弄來了掃把、鐵鏟、垃圾車，打掃起工廠四周的紙屑、火柴和煙蒂。試想，那些正在罷工要求加薪和承認工會之時的工人，還整理工廠四周的環境。這種情形，在美國罷工史中，實在是聞所未聞的。那次的罷工，在一個星期內和解，沒有一絲怨恨就結束了。

韋伯斯托是一位最成功的律師，許多人都奉他如神，但他從不作無謂的爭辯，只提出自己最有力的見解，平時也只運用極其溫和的措辭，來引述他自己最有力的理由。

他平時常用的語句充滿了溫和的字眼：「在座的陪審員先生所考慮到的這一點……」、「這情形似乎還有進一步探索的可能……」、「諸位，下面幾項事實，我相信大家是不會粗心疏忽的……」或「我相信你們對人情都是十分了解的，所以輕易就可看出這些事實的重要性……」

韋伯斯托的話不具威脅性，也沒有執意的壓迫，不強加於人。他用輕鬆友善的方式，輕描淡寫地說服對手，而這方法使他名成利就。

你可能永遠沒有機會被請去解決一次罷工大潮，也不會有機會去跟法院陪審員「對簿公堂」，但是或許你會希望減租甚麼的，這種友善的方法就有可能起到作用。

工程師斯托伯的房租太高了，他希望房東可以減租，可他知道，房東是個老頑固。斯托伯在講習班上說，他寫信給房東，告訴他租約期滿，他就會搬走，其實他並不想搬走，如果房東仁慈一點，把房租減低一些，他還是願意繼續住下去的。但他知道希望渺茫，其他房客都試過了，無一例外都慘敗而歸。他們告訴他，房東是個很野蠻的、不講道理的人。可是他對自己說他正在研讀處理人際關係的課程，不妨就在那房東身上碰碰運氣。房東收到信後，帶了他的秘書一起來。房東還在門口，斯托伯就用司華伯那種熱烈歡迎的方式來迎接他。他並沒有開頭就說房租的事，而是說他如何喜歡這公寓。他敬佩房東管理房子的方式，同時還告訴他，他很願意繼續住下去，只是他無法負擔這麼沉重的……

斯托伯相信房東從沒有受到房客這樣的歡迎，顯得有點手足無措了。

接着，房東據實相告目前的處境。他說有些房客一直都對他不滿，有個房客寫過 14 封信給他，有的簡直是侮辱和謾罵。

還有一位房客恐嚇他說，再不把樓上睡覺打鼾的人趕走的話，就要立即取消合同。

房東對斯托伯說：「有你這樣的房客，那是再好不過了。」這時不等他開口，房東自動提出減少一些租金。斯托伯希望再少些，他說出自己所能負擔的，房東一句多餘的話都沒說就接受了。房東臨走時問斯托伯：「屋子還有沒有需要修一修的地方？」

試想，如果當時斯托伯跟其他房客一樣枕戈待旦來要求減低房租，相信他會遭到與他們同樣的下場。可見，友善、讚賞、同情，才使他得到了自己滿意的結果。

再看一個例子。主角是長島沙灘花園城的黛夫人，這是她的經驗之談，她是個社交上很有聲望的女士。

黛夫人說，她請幾位朋友共進午餐，這對她來說是個很重要的聚會，當然希望所有的事情都能稱心滿意。

艾米爾是她的一個得力助手，可是這次他讓她失望極了。

那次午餐飯菜很糟糕，艾米爾自己沒有到場，僅派來一個侍者。這個侍者對高等宴會的情形完全搞不清楚，把宴會弄得很糟。她心裏怒極了，但在客人面前也不得不勉強裝出笑臉，她暗揣，要是再見到艾米爾，一定不會輕饒他。

這是星期三的事……第二天，她聽了關於人際關係學的課，聽完後她領悟到責備艾米爾是起不了作用的。事情一嚴重反倒使他憤怒、懷恨在心，說不定以後再也沒辦法找他幫忙了。

她試着從他的立場出發：首先，菜不是他買的，也不是他親自下廚，只怪那侍者太笨，才把那次宴會弄糟了。對艾米爾而言，他也沒有辦法。其次，自己把事情看得過於嚴重了，沒怎麼思索就發火，這是不對的。最後，她決定，以友善的、讚許的、誇獎的辦法來處理這件事，肯定奏效。

第二天，她見到艾米爾，既沒有憤憤不平，更沒有跟他爭論、分辯，而是這樣對他說：「艾米爾，你知不知道？那天要是有你在場，那該有多好。你是紐約最能幹的當事了，那天宴會的菜，不是你親手買回來做的；那天的事，在你來講，也是沒有辦法。」

艾米爾一聽到這話，臉上立即出現了笑容，他說：「真的？夫人，問題真的只出在我派來的侍者身上？」接着，她就趁機說：「我準備再舉辦一次宴會，我需要你為我提供參考意見，你認為我應該再給我們的侍者一個挑戰嗎？」

艾米爾連忙點頭說：「當然，夫人，一定不會重蹈覆轍了，你放心好了。」

第二個星期，她又設宴請客，艾米爾熱情向她提供菜單資料，她給他半數小費，不再提到上次宴會上所犯下的錯。

客人來到席間，桌上擺着兩束漂亮的鮮花，艾米爾親自在旁照料，對來賓殷勤萬分。菜肴美味可口，服務熱情周到，這次有 4 個侍者，時刻不離，而不是只有一個在旁侍候，最後艾米爾親自端上可口精緻的點心作為這次宴會的結束。

散席後，黛夫人的那位主客含笑問她：「你對那個管事施了甚麼法？他可從來沒有這樣乖巧過。」

是的，那位客人説對了，黛夫人對艾米爾的友善，是對他誠懇的讚賞，才有這樣的效果。

很多年前，我仍住在密蘇里州的西部，還是一個必須每天光着腳走過一座樹林到鄉村小學上課的小孩時，我讀到一個關於太陽和風的寓言。太陽和風爭論不休，到底誰的力量更大。

風説：「你不信我就證明給你看。你看到那穿着大衣的老人沒有？我要把他身上的大衣脱下，那時你就明白我的力量比你大了！」

於是，風使勁刮起來，幾乎形成一陣颶風。可是風沒有想到，它吹得愈大、愈猛烈，老人反而把身上的衣服裹得愈緊。

太陽躲在雲裏看着。

最後，風不得不停止！太陽才從白雲後面緩緩露出來，面帶和善的微笑，對老人笑着，沒過多久，老人就不斷地擦着臉上的汗，過了不久，他就從身上把大衣脱下。於是太陽對風説：**「友善永遠勝過暴力。」**

在波士頓發生的那件事幾乎就發生在我剛讀到這段寓言時，同時也證明了這篇寓言的意義所在。波士頓是美國文化教育中心，小時候，我不敢奢想將來有機會去到那裏。而證實那個真理的 B 醫生，在 30 年後，則是我講習班的學員。B 醫生這樣講：

那時，波士頓各大報紙上幾乎刊滿偽醫藥廣告，如專門打胎等，用駭人聽聞的話恐嚇病人，使我們很擔心，他們的主要目的只有一個，那就是招搖撞騙。患者任憑那些庸醫的擺佈，造成很多無辜的死亡，可這些庸醫被繩之以法的卻很少，他們花上一點錢或者利用政治勢力就輕易擺脫了懲罰。

這種情形愈來愈嚴重，波士頓城裏的上流社會群起而攻之，牧師在佈道時抨擊，痛責那些刊登污穢廣告的報紙，指責他們不講職業道德，祈求上帝能停止那類廣告的刊登。其他市民團體、商人、婦女會、教會、青年會等，均站出來紛紛痛責，可仍舊無濟於事。州議會中也有激烈的爭辯，要讓無恥的廣告成為非法的，並繩之以法，可對方有政治背景，因此效果並不明顯。

B 醫生作為基督教團體的主席，他用盡可能想到的一切方法，但均告失敗，對付醫藥界敗類的運動眼看就要沒有辦法。

一天晚上，時間已經相當晚了，B 醫生還在憂心忡忡地思考着這事還未休息。終於，他想出一個所有波士頓人都沒有想到的辦法，他要用友善、同情、讚賞來化解這些報紙的各主編，讓他們自動停登這一類廣告。

B 醫生寫了一封信遞給波士頓銷量最好的一家報社，他對該報社大加讚譽，説那份報紙刊登的新聞內容翔實，尤其報上那篇社論，更是令人矚目難忘，無疑，那是一份最好的家庭報紙。B 醫生在信上説他們的報紙是全州最好的報紙，也是全美最完美的新聞讀物之一。但他接着話鋒一轉，他的一位朋友不久前跟他說，他有一個小女兒，有天晚上突然朗誦你們報上的一則廣告，那是一則專門打胎的廣告，那女兒弄不明白這則廣告上的含義，就問父母那些字句的意思。他給自己的女兒問得很窘迫，他不知道該如何向純潔天真的女兒解釋這是怎麼回事。

他稱讚該報紙在波士頓高尚的家庭中佔據着十分重要的位置。那麼，發生在他朋友家的事在別的家庭中是否也同樣在發生呢？要是你也有這樣一個純潔天真的女兒，你是不是也願意讓她看到這類廣告？當你的女兒向你提出這樣的問題時，你又怎麼回答她呢？

他還說該報在各方面都做得十分完美，但由於上述情形的存在常使做父母的擔心，不得不禁止他們的子女閱讀該報。對此，他為該報感到十分惋惜和擔憂，他相信還有其他千千萬萬讀者會有跟他相同的看法。

不久，準確說是兩天之後，這家報社的發行人給 B 醫生回信了，信上標明的日期是 1904 年 10 月 13 日。B 醫生把這封信保存了 30 多年，當他到我的講習班上時，他把那封信拿給大家看，信的內容是：

先生，您好，本月 11 日，本報編輯交來您的這封信，閱後非常感激，這是多年來本報延宕至今、一直未能實施的一個願望。

本報所有報道中，自星期一起，將刪除一切讀者不歡迎不喜歡的廣告。至於那些暫且無法停刊的醫藥廣告，經編輯部慎重處理後，以不引起讀者反感為基本原則，才予以刊登。

謝謝您的來信，您的關切使我們獲益多多，非常感謝。

本報發行人

海斯格爾

《伊索寓言》是一部不朽的作品，它流傳至今的秘密何在？人性。生活於公元前 600 多年的伊索原是希臘克洛賽斯宮中的奴隸，他編寫的這本書對於人性的教育，就如同波士頓報社發生的情形，即使是在 2,500 年前的希臘雅典也是一樣的：太陽比風更能使人脫去外套！

以慈愛和友善的方法接近，能使人改變他原有的心意，那比暴力的攻擊更為奏效。

記住林肯所說的那句話：「一加崙的膽汁不能比一滴蜂蜜捕捉到更多的蒼蠅。」

當你要獲得他人對你的贊同時，別忘了第四條規則：

以友善的方法開始。

卡耐基心得 Dale Carnegie's Tip

以慈愛和友善的方法接近，能使人改變他原有的心意，那比暴力的攻擊更為奏效。

設法使對方立即說「是」

一開始的時候他就能得到很多肯定的反應，
只有這樣，才能將聽者的心理引導向正面方向。

與他人談話時，不要一開始就談彼此意見相左的事，先說一些基本上能談得來的事情。假如可以，你可以先提出自己的見解，告訴對方，你們所追求的目標差不多，不同的只是方式罷了。

這樣，對方在一開始就會連連說「是！」總的來說，就是盡量防止你的對話方說「不」。

奧佛瑞教授在他的《影響人類的行為》(*Influencing Humun Behavior*)一書中說：「『不』字是一種障礙，是最不容易克服的一個反應，當人說出『不』之後，為了自己的尊嚴就不得不堅持下去。爭論過後，或許他可能覺得自己錯了，說出這個「不」字是不對的，但是在那種場合，他必須維護自己的尊嚴。他對自己說的每句話必須堅持到底，因此，使人在一開始就往你的方面，即正面引導，那是非常關鍵的談話技巧。」

那些有說話技巧的人，你仔細聽，一開始的時候他就能得到很多肯定的反應，只有這樣，才能將聽者的心理引導向正面方向。

不說其他的，就拿人們的心理來講，當一個人將「不」字說出口後，他心中就潛伏了這種拒絕和反抗的意念，進而使他所有的生理器官、神經完全陷入這種狀態，形成一個強健的防護狀態。反之，當一個人給出肯定的回答時，他體內的器官就沒有收縮動作的產生，各種生理組織處於一種開放和接受的狀態。所以，**一次談話開始時，能引出對方更多肯定的回答，就更容易為我們後面的談話博得對方更多的讚賞**。

得到「是」的反應本來是件很容易的事情，但在生活中卻常被人們忽略了。一些人好像一開口就是準備要反對他人的意見，好像這樣就顯出了他的與眾不同。激進的人和保守、守舊的人會談，極易將其中一方激怒。這樣做，如果只是為了滿足感官上的一時之快，或許還可原諒，要是需要完成一件事，那就太不划算了。

假如，你的學生、顧客、丈夫或者妻子，他們一張口就是「不」，那就算你絞盡腦汁，有極大的耐心，也很難改變他們的反對或者抵抗情緒。

「是」的方法，在現實生活中，運用是很妙的。紐約一家儲蓄所的出納員愛伯生，運用此方法拉住了一位富翁存戶。

愛伯生先生是這樣講述這個故事的：

有個年輕人走進銀行準備存款，我按照銀行的規定，把存款申請表遞給他，有些問題他回答很爽快，但有些卻不願回答。

在我未研究人類關係學之前，我的做法是直接告訴顧客，假使他不填上表格，就只能拒絕他的存款了。往常我都是這樣做的。自然，當我說出這些話，我有一種權威感，自己會覺得很自重，甚至得意。

但是這天上午，我運用了一點剛學來的知識，決意不談銀行所需要的，轉而談一些顧客需要的事情。所以我決定先誘使他回答:「是！是！」於是，我先同意他的觀點，告訴他那些他所拒絕回答的材料，其實並不是非寫不可。

我對那位顧客這樣說:「假如你離開這個世界後，你有錢存在我們銀行，可否願意讓銀行把存款轉交給你最親愛的人？」

客人馬上回答說:「當然願意。」

「那麼，你就依照我們的辦法，把最親密的人的姓名及其他情況，填到這份表格上，假若你萬一出現不測，銀行就會立即把這筆錢移交到他手上去。」

那顧客又說:「嗯，好。」

那位存款客戶態度軟化的原因，是他明白填寫這份表格對他有利。他離開銀行之前，不但把表格填好，還接受了我的建議，用他母親的名義開了個信託賬戶，有關他母親的情況，也按照表格要求填上。

由於使顧客一開始就說「是！是」，對方便忘了爭執之事，並且很愉快地按照我的建議去做。

西屋公司推銷員愛里森也説出他的一段經歷：在他負責的推銷區域內住着一位十分有錢的企業家。他們公司很想賣給他一批貨。然而，過去那位推銷員花了近 10 年的工夫，始終沒有與他談成一筆買賣。他接管這一地區後，用 3 年時間去兜攬他的生意，但是也沒有甚麼結果。經過 13 年不斷地訪問和會談後，對方僅僅買了他幾台發動機，但是他有這樣的希望，假如這次交易成功，發動機沒有毛病，對方感到滿意，也許以後他會買進更多的發動機。

而發動機到底會不會發生故障？當然，他知道這些發動機不會有任何故障。於是，過了些時候，他便去拜訪那位大企業家。

他原本很高興，但是這份高興似乎來得太早了，那位負責的工程師見到他，當面就説：「愛里森，我們不想再買更多的發動機了。」

他心頭一驚，立即問是怎麼回事。

那位工程師毫不客氣地説：「你的發動機散熱不好，太熱，我連手都不能放在上面。」

他很清楚，如果跟對方爭辯，那是不會有任何好處的，過去就遇到過這種情況，他想運用如何讓他説出「是」字的辦法。

愛里森向工程師説：「史密斯先生，我完全同意你所説的，如果發動機發熱過高，我希望你也別再買了。你所需要的發動機的熱度，當然不能超出標準，是不是？」

工程師完全同意。因此，他獲得了第一個「是」字。

愛里森又說：「一架標準的發動機可以高出室內溫度華氏 72 度，這是電工協會的規定，是不是？」

他同意這個說法：「當然，但你的發動機卻比這溫度高出許多。」

愛里森沒和他爭辯，只問：「你們廠溫是多少？」

他想了想，回答說：「大約華氏 75 度。」

愛里森說：「這就是了。廠溫華氏 75 度，再加上原有的華氏 72 度，一共是華氏 147 度。如果你把手放進華氏 140 度或華氏 150 度的開水裏，手是不是會燙傷呢？」

他還是說「是。」

最後，他向工程師建議說：「史密斯先生，你別用手去碰那架發動機不就行了！」

他接受了這個建議，說：「我想你說得對。」他們交談了一陣後，他叫來秘書，為下個月訂了 3 萬美元的貨物。

愛里森費了多年時間，損失數萬元的生意，最後才懂得爭論並不是一個明智的做法。你要從對方的觀點去看問題，設法讓對方給你的回答是「是」，那才是成功的秘訣。

古希臘大哲學家蘇格拉底是個風趣的老頑童，他愛赤腳，40 歲時就謝頂了，卻跟一個 19 歲的女孩結了婚。他對人類的貢獻，歷史上能跟他相比的不多。他改變了人們思維的習慣，直到今天，人們還尊他為有史以來最能影響這個紛擾世界的勸誡者之一。

那麼，蘇格拉底運用了甚麼方法？他是指責別人的過錯嗎？不，蘇格拉底不會這樣做。

他的處世技巧我們現在稱之為「蘇格拉底辯證法」，也就是以「是」作為他唯一的反應觀點。他問問題的對象都是他的反對者，是來跟他辯論的，但他們之所以願意接受他的觀點，也是因為他連續不斷地獲得對方的認可，到最後使反對者在不知不覺中，接受了在數分鐘前自己還堅決否認的結論。

當我們要指出他人的錯誤時，首先要記住赤足謝頂的蘇格拉底，並且問一些能夠獲得對方回答「是」的和緩性問題。

中國人有一句老話，充滿了東方悠久的智慧：「輕履者行遠。」

中國人花了 5,000 年漫長的時間去研究人的天性，那些博學的中國人寫下了許多智慧的名言，就如「輕履者行遠」這句話一樣。

如果你要獲得人們對你的贊同，那麼，第五條規則就是：

設法使對方立即說「是！是」。

卡耐基心得 Dale Carnegie's Tip

設法使對方立即說「是！是」。

給他人說話的機會

在生活中，我們應表現出虛懷若谷，處處謙遜，
即使你有很多成就，也不要張揚、囂張，
那樣會永遠使人喜歡，誰都肯接近你。

盡量讓對方説出自己的看法來，因為每個人對於自己的事，或是他的問題，要比任何人清楚得多。很多人，當想要別人贊同他的意見時，就是話説得太多，説得過了頭，尤其是推銷員很容易犯這個毛病。所以，你應該問對方問題，讓他來訴説。

或許你不同意他的看法，或許你會想插嘴，但不要這樣做，那是危險的。**當他還有很多看法要説時，他的注意力不會集中到你身上的**。所以，你有必要忍耐，並且懷着舒暢的心情，靜靜地聽下去，而且還要用最誠懇的態度鼓勵他，讓他把所要説的話都説完，將想法表達清楚。

這種策略用在商場上是否有效呢？讓我們看看下面這個例子：

幾年前，美國最大的汽車公司正要採購那一年中所需要的坐墊布料。當時有 3 家廠商把樣品送過去給他們備選，該公司的高級管理員驗看樣品後，便約定日期與 3 家廠商代表商談，到時再決定選購哪一家的產品。

奇伯是其中一家廠商的代表，偏偏就在那一天患上了嚴重的咽喉炎。當輪到他去見汽車公司的高級管理人員時，他竟然幾乎連一點聲音也發不出來。但他仍被帶進辦公室，跟紡織工程師、採購部經理、營銷部主任以及那家汽車公司的總經理都一一見了面。這時，他站起來想要說話，可只能發出沙啞的聲音來。

他們坐在圓桌旁，因為嗓子發不出聲音來，奇伯只有用筆把要說的話寫在紙上，他寫道：「諸位，我患了咽喉炎，嗓子啞了。」

那位總經理說：「好吧，我替你說吧。」這位總經理代替他說了。他把他們廠家的樣品逐一展開，並稱讚它們的優點。他們就這樣開始了討論。因為那位總經理替他介紹產品，所以在他們討論時，他只能點頭微笑示意，或用手勢來表達自己的意思。

無疑，這是一個奇特的會議，討論結果是他獲得了汽車公司的訂貨合約，這家汽車公司向他訂購了 50 萬碼的坐墊布料，總價是 160 萬美元。這是他至目前經手的最大一筆訂單。

他知道，如果不是他的喉嚨啞掉，說不出話來，他很可能會失去那份訂貨合同，因為在這之前，他對整件事持錯誤看法。而這次，他無意中發現，原來讓別人來替你講話，有時是很好的方法。

費城電氣公司的職員范伯在賓夕法尼亞荷蘭農民區——一個富庶的農民區作視察訪問時也有類似的發現。當他經過一家整潔的農家時，他問該區代表：「這家人不愛用電，這是為甚麼？」

代表煩惱地說：「他們都愛財如命，幾乎不買我們任何東西。他們對電氣公司還很討厭，我已經跟他們談過好幾次，毫無希望。」

范伯相信區代表講的是實話，可是他想再次嘗試。下面是范伯親述。

我上前輕敲這家人的門，一會兒，門打開了個小縫，年老的特根堡太太探出半個腦袋。老太太看到是電氣公司的代表馬上把門關上。我又敲門，老太太又把門打開，這次她乾脆直截了當地告訴我，她對我們公司的看法。

我跟她說：「很抱歉，特根堡太太，要打擾您一會，我不是來向您做推銷的，我只是想買些雞蛋。」

她把頭探出來，門開得大了一些，那懷疑的眼光直盯着我們。

我說：「我看到，你餵養的都是多米尼克雞，所以我想在您這兒買打新鮮的雞蛋。」

老太太又把門拉開了些，說：「你怎麼知道我養的是多米尼克雞？」她突然感到很好奇。我說：「我自己也養雞，但從沒有見到過比您這更好的多米尼克雞了。」這位老太太十分懷疑地問：「那麼，你為甚麼不用自己的？」

「我養的是來亨雞，生的是白色的雞蛋；」我告訴她說：「您是懂烹調的人，自然知道做蛋糕時，白雞蛋不如黃色的好，是不是？我太太總對她做蛋糕的手藝感到很自豪。」

這時，特根堡太太才放下戒心，放心地走了出來，態度也變溫和了。我看到院子裏有個牛奶棚，所以，我接着說：「我敢打賭，特根堡太太，你養雞賺來的錢比你丈夫賣牛奶賺到的錢要多很多吧。」

「當然是我賺得多！」她高興極了，可她那個頑固的丈夫卻不承認這個事實。

她請我去參觀她的雞房。參觀時，我表示很讚賞她的養雞技術，的確很高超，還找了很多問題向她請教。同時，我們還交換養雞方面的經驗。

這位老太太突然談起一件事，說鄰居都在他們的雞房裝置電燈，據說效果很不錯。她徵求我的意見，如果她也用那種裝置的話，是不是合算。

兩星期後，特根堡老太太的雞房裏亮起了電燈來。

我做成了這筆交易，而她得到更多的雞蛋，這是雙贏的，何樂而不為呢！但這故事的重點是，假如我不投其所好，我就永遠無法將電器賣給這位荷蘭老太太。

這種人你決不能要求她去幹甚麼，而必須讓她自己來買。

一份銷路很不錯的紐約報紙，在經濟版一欄中刊登一則佔據很大篇幅的廣告，要聘請一位有特殊能力和經驗的人，柯伯尼思寫信去應徵。幾天後，他收到回信，約他面談。於是，他在應徵前，花了很多時間，在華爾街打聽所有有關這家商業機構創辦人的創業事跡和人生故事。

當見面時，柯伯尼思說：「假如我能進入像你這樣有成就的商業機構，我會感到相當自豪。據說，28 年前，你還是處在創業之始時，除了一間屋子、一張桌子和椅子，以及一個速記員外，甚麼都沒有，是不是真有這回事？」

幾乎每一個事業有成的人，都愛回憶自己早年吃苦的情形。面前這位老總也不例外，他談到那時他用 450 美元現金和一股創業的意志，怎麼樣創造今天這項事業的奮鬥歷程。談到他如何克服困難，與失望奮鬥，節日假日都不休息，每天工作 12 甚至 16 個鐘頭，最後，他又是如何擊敗困難。現在，華爾街最有地位和身份的金融家都來向他請教。他對自己取得的成就引以為豪。最後，這位老總只問了問柯伯尼思的經歷，便把一位副總經理請來，說：「我想這位先生就是我們要找的人。」

柯伯尼思費盡心思和周折去收集他未來上司過去的創業光榮史，這是他對他未來上司表示出的關心，並且鼓勵他多多說話，講述自己的經歷，而使他對自己留下美好的印象。

每個人都喜歡多談他們自己的成就，而喜歡聽我們講述的人，可說少之又少，即使是我們的朋友。

法國哲學家洛希富克曾說：「假如你想得到仇人，勝過你的朋友就可以了；反之，要是你想獲得更多的朋友，那麼就讓你的朋友勝過你吧。」

這怎麼解釋呢？當朋友勝過我們時，就能滿足他的自重感；而當我們顯示出勝過他時，那會給他帶來自卑感，並會引起無端的猜忌。

德國人有句俗話：「當我們所猜忌的人發生不幸的事時，我們會產生一種惡意的快感。」

是的，有些人，甚至朋友，寧願看你遭遇到困難，比看你成功或許更為得意和有快感。

因此，在生活中，我們應表現出虛懷若谷，處處謙遜，即使你有很多成就，也不要張揚、囂張，那樣會永遠使人喜歡，誰都肯接近你。作家考伯就有這等技巧。在證席上律師對考伯說：「考伯先生，在美國，我聽說你是一位很著名的作家，對不？」

考伯回答說：「實不敢當，那是十分僥倖的事。」

我們應該謙遜，因為沒有甚麼了不起的，百年之後，一切都要過去，我們都將為人所遺忘。生命是短促的，別把我們不值一提的成就作為誇讚的資本，聽了令人厭煩。我們要鼓勵別人多說話。仔細想一想，你，或者我，**確實沒有甚麼可炫耀的**。

所以，你要獲得對方對你的同意，第六條規則就是：

盡量給對方多說話的機會。

卡耐基心得 Dale Carnegie's Tip

盡量給對方多說話的機會。

如何使人與你合作

沒有人喜歡被推銷，或者被人強迫去做一件事，
我們喜歡照自己的方式去購物或者按照自己的意思行動，
我們喜歡別人徵詢自己的願望、需要和意見。

你是否總覺得自己的意念，比別人硬塞到你手中的更可信呢？如果是的話，那麼你硬要把自己的意見塞給別人，豈不是差勁至極的做法？提出建議，然後讓別人去想出結論，那樣不是更聰明嗎？

以尤金．威森的例子來說明吧。他在獲知這項真理之前，損失了數不清的佣金。威森為一家專門替服裝設計師和紡織品製造商設計花樣的畫室推銷草圖。一連3年，威森先生每個禮拜都去拜訪紐約一位著名的服裝設計師。威森先生說：「他從不拒絕接見我，但他也從來不買我的東西。他總是很仔細地看看我的草圖，然後就說：『不行，威森，我想我們今天談不成了。』」經過100次的失敗，威森終於明白自己過於墨守成規。於是他決定每星期抽出一個晚上去研究做人處世的哲學，以及發展新觀念，創造新的熱忱。

不久，他嘗試了一項新方法。他隨手抓起 6 張畫家未完成的草圖，衝入買主的辦公室。他說：「如果你願意的話，希望你幫我一個小忙，這是一些尚未完成的草圖，能否請你告訴我，我們應該如何把它們完成才能對你有所幫助？」這位買主默默看了那些草圖一會兒後說：「把這些圖留在我這兒幾天，然後再回來見我。」

過了 3 天，威森又去了，聽取買主的建議後，取回草圖返回畫室，按照買主的意見把它們修飾完成。結果呢？全部被接受了。

這是 9 個月前的事了。從那時起，至今這位買主已訂購了許多其他的圖案，全都是根據他的想法畫成的──而威森卻淨賺了 1,600 多美元的佣金。威森說：「我現在明白，這麼多年來，為甚麼我一直無法和這位買主做成買賣。我以前只是催促他買下我認為他應該買的東西。現在我的做法完全相反，我鼓勵他把他的想法交給我。他現在覺得這些圖案是他創造的，確實也是如此。我現在用不着去向他推銷，他都自動會買。」

當西奧多・羅斯福當紐約州州長時，他完成了 4 項很不尋常的功績。他一方面和一眾政治領袖保持良好的關係，另一方面又強迫進行一些令他們十分不高興的改革。以下便是他的做法。

當有重要職位空缺時，他就邀請所有的政治領袖推薦接任人選。羅斯福說：「起初，他們也許會提議一個差勁的不恰當的人，就是那種需要『照顧』的人。我會告訴他們，任命這樣一個人不是好政策，而且大家也不會贊成的。

「然後他們又提另一個差勁人選的名字給我，這一次是個只求一切平安少有建樹的老公務員。我告訴他們，這個人將無法達到大眾的期望。接着我又請他們，看看他們能否找到顯然很適合這職位的人選。這次建議的人選終於差不多了，但還不太理想。

「接着，我謝謝他們，請求他們再試一次。而他們第 4 次推舉的人終於可以接受了，這次他們的提名也恰恰是我心目中的最佳人選，我對他們的協助表示感激。接着就任命那個人——我還把這項任命的功勞歸之於他們……我會告訴他們我這樣做是為了能使他們感到高興，現在該輪到他們來使我高興了。

「而他們果然也樂意這樣做，他們以對《文職法案》和《特別稅法案》這類全面性改革方案的支持來使我高興。」

記住，羅斯福盡可能地向其他人請教，並尊重他們的忠告。當羅斯福任命一個重要人選時，他讓那些政治領袖覺得，選出了適當的人選，**完全是出於他們自己的主意**。

愛德華・豪斯上校在威爾遜總統執政期間，在國內及國際事務上有極大的影響力。威爾遜對豪斯上校的秘密諮詢及意見依賴的程度，遠超過對自己內閣的依賴。

豪斯上校利用甚麼方法來影響總統呢？很幸運地，我們知道這個答案。因為豪斯自己曾向亞瑟・何登・史密斯透露，而史密斯又在《星期五晚郵》的一篇文章中引述了豪斯的這段話。

「認識總統之後，」豪斯說:「我發現要想改變他一項看法的最佳辦法，就是把這個新觀念很自然地建立在他的腦海中，使他發生興趣——使他經常想到它。第一次這種方法奏效，純粹是一次意外。有一次我到白宮拜訪他，催促他執行一項政策，而他顯然對這項政策不表贊成。但幾天以後，在餐桌上，我驚訝地聽見他把我的建議當做自己的意見說了出來。」

豪斯是否打斷他說:「這不是你的主意，這是我的。」哦，沒有，豪斯不會那麼做。他太老練了。他不願追求榮譽，他只要成果。所以他讓威爾遜繼續認為那是他自己的想法。甚至更進一步，豪斯讓威爾遜獲得這些建議的公開榮譽。

且讓我們記住，我們明天所要接觸的人，都會具有威爾遜所具有的人性的弱點，因此，且讓我們使用豪斯的技巧吧。

一個在新布崙茲維克的人，在我身上也應用了這項技巧。那時，我正計劃到新布崙茲維克去釣魚及划獨木舟。於是我寫信給觀光局，向他們索取資料。顯然，我的名字和住址是被寄出去了，因為我立刻就收到了從各個露營區及鄉公所寄來的信件、小冊子及宣傳單。我被弄得頭昏腦脹，不知道選哪一個好。有家露營區的主人做了一件很聰明的事，他把曾經服務過的紐約人的姓名和電話號碼寄給我，並請我致電詢問，讓我自己去發現他有甚麼好。我很驚訝地發現，名單上竟有一個我認識的人。我打電話向他詢問看法後立刻打電話把我抵達的日期通知那家露營區。

其他人想向我強迫推銷，但卻有另一個人讓我把自己推銷出去。於是他勝利了。

在 2,500 年前，中國的哲人老子說了一段話，本書的讀者可能用得上：

「江海所以能為百谷王者，以其善下之，故能為百谷王。是以聖人欲上民，必以言下之；欲先民，必以身後之。是以聖人處上而民不重，處前而民不害。」(《道德經》第 66 章)

有一位長島的汽車商，用同樣的方法把一輛舊汽車賣給了蘇格蘭人。但過去，這位汽車商讓蘇格蘭人看過一輛又一輛的車，他總認為有問題，不是嫌這，就是嫌那的，再不就是說價位過高。當時這位汽車商正在我的講習班上聽講，他在班上請求援助。

我們建議他，不要強迫意志不穩定的人買你的車，相反，要想辦法讓他自己主動買，也不必告訴他適合買甚麼牌子的車。總之，**要讓他覺得這一切都是他自己的主意**。

結果情形很好。幾天過後，有一位顧客想以舊換新，那汽車商馬上想到那蘇格蘭人，也許他喜歡這種老爺車。他打了個電話給蘇格蘭人，說是有個問題想請教他。汽車商這樣說：「我知道你對車子很在行……你看這部舊汽車可以值多少錢，你告訴我後，我可以在交換新車時有個底。」那蘇格蘭人接到電話後立刻來了。

他滿面笑容……終於有人向他請教，有人看得起他了。他坐進車內，駕着這部車子兜了一圈回來，說：「這車子你能以

300 美元買進，就算你走運了。」汽車商問他：「好，那麼，要是我以你說的這個數目買進，再轉手賣給你要不要？」

「300 美元！」

當然，這是他的意思、他的估價，這筆生意就立即做成了。

一位 X 光儀器製造商也是運用同樣的技巧，把一批機械儀錶賣給了勃洛克林市的一家大醫院，因此獲得一筆很高的利潤。這家醫院正準備擴充某個部門，需要一套最好的 X 光儀器，這項工作是由 L 醫生負責的，故他被一眾推銷員包圍了，大家都說自己的東西是天下最好的。可是其中有一位製造商比較聰明，他懂得技巧。他寫了一封信給 L 醫生。這封信的內容是這樣的：

敝廠最近完成了一套 X 光儀器，第一批貨已運到辦事處，實在不敢說已經十分完美，我們還想再改進，而您是專家，所以若您能抽空來我們這裏參觀一下，並告訴我們如何才能使其更適用於醫學上的話，我們將十分感激。我知道您工作繁忙，請您告訴我您方便的時間和地點，我們可安排車輛來接您。

L 醫生在講習班上說出這件事的經過：「接到那封信，我很驚訝，不但出乎意料，還很高興，從來沒有 X 光儀器製造商會徵求我的意見，我感到很光榮，因為感覺受人重視。那星期我每晚都很忙，可是我取消了一個約會，特地去看那套新的儀器，我愈看愈喜歡。

「沒有人強迫我去買，但我覺得替醫院購進那套儀器是為醫院好，因為我認為那套儀器很好，所以我決定買下來。」

所以，你要影響別人而使其同意你，第七條規則是：

使對方以為這是他的意志。

卡耐基心得 Dale Carnegie's Tip

使對方以為這是他的意志。

站在他人的立場上來看問題

永遠要站在對方的立場上去看問題，
一如你自己的一樣，
這或許會成為影響你終身事業的一個轉捩點。

對方為甚麼會有那樣的思想和行為，自有他自己的道理，探尋其中隱藏着的原因來，你就得到了解他人的鑰匙了。

記住，當對方並不承認自己有錯時，你別去責備他，因為只有愚蠢的人才會去責怪人家。在這種情形下，稍微聰明的人都不會這樣做，他們會試着努力去了解對方，原諒對方。

要真誠地站在別人的立場上看問題。

告訴自己：「如果是我，在他的位置上，我將會有怎樣的感受，又將做些甚麼？」這樣的想法可以省去許多煩惱。既然你已清楚事情的起因，那就不會恨這個結果了。除此之外，你還可學到許多人類關係學上的技巧。

古德在他那部《如何將人變成黃金》（*How to Turn People into Gold*）的書中說：「停下一分鐘，把你對你自己的事的關心程度和對他人的淡然漠視冷靜地做一比較，馬上你就會發現，世界上其他人也都是這樣的。然後，你可以跟林肯、羅斯福一樣，穩固地把握住任何事業的基礎。換言之，應付人的成功，靠設身處地地了解別人的觀點。」

數年來，我大部分時間的消遣都是在我家附近一座公園騎馬、散步。因此，漸漸地就對樹木有了愛護之心，當我聽到樹林起火的消息時，心中感到很難受。這些火災不是由於粗心的吸煙者所造成的，而大多數是孩子來林間生火野餐時不小心引起的。有時候樹林燒得很厲害，需要消防隊來才能撲滅。

而在公園的邊上，明確寫着一個告示牌：「凡引起樹林火災的肇事者，將被罰款或監禁。」

但告示牌立得很偏僻，不起眼，根本沒人看到。那騎馬的警察是負責管理這片公園的，但他對他的職務並不認真負責，因而公園常會起火。

有一次，我急忙跑去告訴他，樹林起火，正在急速地蔓延，要他去通知消防隊。可他反應極為冷淡。他說這不是他的負任，那片山不歸他管。自那以後，我每逢騎馬來公園，便自己執行保護公園的職責。

起初，我從未想過那些孩子會怎麼想，我看到他們在樹下生火野餐時，心生不快便想要阻止他們。事實上，我做錯了！我騎馬去那些孩子那邊，嚴肅地跟他們說，樹下生火是要被關起來的，語氣非常嚴厲，要他們趕快把火熄了。我還說，如果不聽，馬上就要把他們抓走。這樣做，只是在發洩我的情緒，因為我們不希望有人在樹林裏生火，我並沒有想到他們的想法。

結果怎麼樣呢？

那些孩子遵從我了，但是心裏極不服氣，當我騎馬離開後，他們又重新生起火來，甚至還想把整個公園都燒光。

幾年後，我開始學習待人處事、與人相處的辦法和技巧，知道多從別人的角度去看問題。從此，**我不再使用祈使句**。如果幾年後的今天，我在公園再看到孩子們玩火，我可能會這樣跟他們說了：「小朋友，晚餐打算做些甚麼呢？我小時候跟你們一樣，也喜歡野炊，現在還記憶深刻呢。可是你們知道嗎？在公園隨便生火是十分危險的。但我知道你們都是最乖的好孩子，不會惹出甚麼事來的對嗎？

「要是別的孩子，我相信他們就不會像你們這般小心注意火災了。他們看到你們在生火玩也跟着玩起火來，回家時沒有把火熄掉，乾燥的樹葉都燒着了，結果連整片樹林都燒了。假如我們再不小心，這個公園就沒有樹木了。

「你們有誰知道，在公園玩火是禁止的，違者是要坐牢的。我不是干涉你們野營，我也希望你們玩得都很開心。只是你們不要讓火靠近乾燥的樹葉，在你們回家的時候，別忘了滅火，在火堆上蓋些泥巴。如果下次想烤東西時，我建議你們去沙堆那邊，那就不會有任何危險。小朋友，謝謝你們，祝你們玩得愉快，再見。」

要是當時我說出這些話來，相信會有很好的效果，而且孩子會很樂意跟我合作。他們就不會反感和抱怨，**他們不會感到**

被人命令。他們既保全了面子，也會玩得很開心。這樣，大家都很滿意，因為我首先是站在他們的立場上來處理這件事。

當我們想要別人去做一件事時，我們自己首先不妨先閉上眼睛思量一番，站在對方的立場上把整個情形想一想。然後問自己：「他為甚麼要這麼做？」是的，那是有點麻煩，費時間，但是你想過沒有，那樣做會獲得更多的友誼，減少不該有的麻煩，也不會增加不愉快的氣氛。

陶亥姆——哈佛大學商學院院長曾說：「在跟一個人會談之前，我願意在他的辦公室外的走廊上來回走上兩小時，我要把我所說的話，想得更有條理，而且我會設想他將如何回答我的問題，我不會冒失地闖進他的辦公室。」

當你把這本書讀完時，定能令你有了一種傾向：即當你接觸到每一件事時，你首先會先替別人想想，而且能夠以對方的觀點去看待事情。雖然你從這本書只能得到這些，但它會給你成就終身事業帶來好處。

所以，你如果要人們贊同你的觀點，第八條規則是：

站在他人的立場上看問題。

卡耐基心得 Dale Carnegie's Tip

要真誠地站在別人的立場上看問題。

了解每個人所需要的

成人也同樣如此，他們會趁機向人們展示他的傷痛之處，講述他們遭遇到的意外事故、疾病，尤其是手術的經過。實際上，自憐是一種天性。

你是不是願意得到一句神奇的話，這句話可以讓爭辯停止，怨恨消除，製造出好感，並使人們注意聆聽你的談話。

呵，確實有這樣一句話，讓我告訴你吧：「對現在的情形，我不會責怪你，如果我是你，我也會有同樣的感受。」

就是這樣一句簡簡單單的話，世界上心腸最硬、最固執的人也都會軟化下來。可有一點，你必須真誠。我們就以匪酋卡邦來說，假如你受遺傳的影響，身體、性情、思想與卡邦完全相同，那麼進一步假設你們的處境也相同，有他的經歷，那你就會成為跟他一樣的人，而那些便是他淪為盜匪的真正原因。

再比如：你不是一條響尾蛇，當然不是，而唯一的理由是，你的父母不是響尾蛇。再比如你不會跟牛親嘴，不把蛇奉若神明，唯一的原因是，你不是出生於勃拉烏波答河岸的印度人。

你之所以會成為你現在的這個樣子，可居之自傲的地方實在很少。而那個使你憤怒、固執不講理的人，他之所以會成為他那種人，他過錯的地方同樣也很少。但我們可對那些生活不如意者表示出惋惜、憐憫，甚至同情。當約翰柯看到街上一個搖搖晃晃的醉漢時，他常說的一句話是：「要不是上帝的仁慈，我也會走上他的道路。」

你明天遇到的人，其中可能有四分之三都渴望得到同情！**如果你出自真心同情他們的處境，他們就會很喜歡你**。

有一次，在做播音演講時，我說起《小婦人》的作者奧爾科特女士。我自然知道她出生在麻塞諸塞的康考特，並且在那裏完成她的不朽名作。但我誇口說我曾到「新罕布夏的康考特」拜訪過她的家鄉。假如我只說了一次新罕布夏還好，還可能得到原諒，可要命地是我說了一次還不夠，又補說一次。

隨後，可想而知，信函、電報雪片般飛來，質問我、指責我，有的已經是侮辱，就像一群野牛似的，我已無法抵抗。其中有位老太太從小就生長在麻塞諸塞的康考特，而當時她在費城，她聽了我的播音後，怒不可遏。我看到她的信後，對自己說：「感謝上帝，幸好我沒有娶到這樣的死婆娘。」

我打算回信告知，儘管我不小心弄錯了地名，可她卻連一點禮節性的常識都不講……當然，這是我所能做到的最不客氣的回擊。我還想告訴她我對她的印象是多麼的惡劣……但我並沒有按我想的那樣去做，我盡量克制自己，不讓自己也跟着墮入愚蠢。

我不想變得愚蠢，同他們一般見識，所以，我決定化解我們之間的憎恨，我對自己說：「要是我是她，可能也會有同樣的感受。」我大概知道該怎麼做了，我去費城時，給這位老太太打了個電話，當時的談話內容我還記得很清楚。

在電話中，我對她說：「科爾太太，幾星期前你給我寫的信我看了，非常感謝你！」

電話那邊是她柔和流利的聲音，她問：「你是哪一位呀？對不起，我聽不出。」

我說：「對你而言，我是一個你非常陌生的人，我叫戴爾・卡耐基。幾星期前，你聽我在電台的廣播，指出一個無法寬恕的錯誤，那個做播音的人就是我，那是多麼愚蠢啊……我為了這件事特地向你表示歉意，你花時間給我寫信，指正我的錯誤，很感謝你。」

聽我這樣一說，她連忙說：「卡耐基先生，其實我也不對，在信中我過於粗魯，向你發了一通脾氣，還請你包涵才是。」

我堅持說：「不，不，不該由你道歉，科爾太太，該道歉的是我……即使是個小學生也不該犯下那樣的錯誤。那事我已在電台更正過了！現在，一來對你給我寫信表示感謝，二來請你接受我的道歉。」

她說：「我生長在麻塞諸塞的康考特……200 年來，我的家庭在那裏一直很有聲望，我以我的家鄉為榮。當我聽你說奧爾科特女士成了新罕布夏州人時很難過。可我那封信也使我為自己的粗暴感到愧疚。」

「我願意老實告訴你，」我說：「你的難過不及我的十分之一。我的錯誤對那地方來講，並沒有損傷，可是對我自己卻有了傷害。像你這樣有身份、有地位的人，是很難得給電台播音員寫信的。以後在我的演講中，如果再發現錯誤時，我希望你繼續寫信給我。」

她在電話中說：「你有這種願意接受人家批評的態度，大家會願意接近你、喜歡你的……我相信你是一個好人，我很願意認識你。」

從這次電話來看，當我已站在她的角度，對她表示理解並道歉時，我得到了她的同情和理解。我對自己能控制住脾氣這點感到很滿意……**以友善交換了對方所給的侮辱**，這一點也使我感到滿意。到她說喜歡我時，我得到了更多的快樂。

身居白宮的要人差不多都會遭遇到人際關係的困擾。塔夫脫總統也不例外……他從經驗中得到這樣一個結論——理解是消解惡感的靈藥。他寫了一本叫做《倫理服務》(*Ethics in Service*)的書，塔夫脫舉了一個十分有意思的例子，提到他如何使一位母親平息心中怒火的故事。

華盛頓的一位太太，她丈夫是政界的要員；她纏了我差不多有兩個月時間了，要我給她兒子弄一個職位。她還拜託幾位參議員，陪她到我這兒，替她兒子謀職的事說好話。

但那個職位需要的是一名技術人才。我根據主管部門的推薦委派了另外一個人。不久，我接到那位母親的來信，在信中，她指責我忘掉了施予別人恩惠，因為我的拒絕而使她成為一個不愉快的太太。言下之意，我的舉手之勞就可使她快樂、高興，可我卻不肯這樣做。她又提到她曾經如何規勸她那一州的代表支持我提出的一項重要法案，可是我對她卻如此忘恩負義。

也許，當你接到這樣一封信時，第一件事就是考慮如何用嚴正的措辭去對付一個魯莽的女人，接着，或許就是動筆寫信了。

可是，如果你是一個冷靜的有腦的人，你會把這封信鎖進抽屜，兩三天後，再把它拿出來……像這類信，晚幾天寄出也不會有甚麼惡劣的影響。但當你過後拿出這封信時，你不會將它投入郵箱了，這就是我所採取的辦法。

在那之後，我平心靜氣地坐下來，盡自己最大的努力，客氣地告訴她，我能夠理解，一個做母親的遇到這種事情，誰都會感到極大的失望。可我坦誠地告訴她，那樣一個職位需要找一個合適的技術人才，這並非能由我個人的好惡決定，所以我接受了那主管部門的推薦。

我表示希望她的兒子繼續在他原來的工作崗位上努力工作，以期將來有所成就。那封信使她安靜下來，她回了一封短信，對她上次的信表示遺憾。

但我所委任的那個人短時期內還不能來上班。這樣，過了幾天我又接到一封她丈夫署名的信，信上的筆跡跟過去的兩封信一模一樣。

這封信告訴我，說他太太因為這件事患上了神經衰弱症，臥床不起，胃已經長瘤了。為了恢復他妻子的健康他請求我，能否把已委任的那人的名字換上他兒子的姓名，以恢復她妻子的健康。

我回了一封信給她丈夫……我希望他太太的病屬於誤診。而對他所遇到的情形，我表示理解，可是要撤回委任那幾乎不可能。幾天後，那人正式接任……幾天之後，我在白宮舉行音樂會，最先到場向我和夫人致敬的就是這一對夫婦。

喬伊斯．諾里莎是密蘇里州聖路易斯的一位鋼琴老師，她講述了她如何與她的學生發生摩擦的故事，她的一位女學生芭比手指上留着長長的指甲，對於想彈好鋼琴的人來說，這當然是一個很大的障礙。

我明白她的長指甲對於彈鋼琴的壞處，但在上課之前我絕口不提這事，因為我怕因此使她上課分心，而且我還知道，她為了她的指甲花費了無數的心思，並以此為榮。

上完第一次課後，我感到時機成熟了，就對她說：「芭比，你的手和指甲都十分迷人，但是如果要彈好鋼琴，就應該將指甲剪短一些，這樣一來，你就會感到彈鋼琴並不是一件困難的事情。你不妨想一想，可以嗎？」她對我做了一個鬼臉。

一個星期後，當芭比再來上課時，我非常吃驚，她的指甲剪短了，我當即對她大加讚揚，說她是為藝術作出了犧牲。我還向她母親表示感謝，她母親告訴我，這可是芭比自己的決定。

是諾里莎夫人嚇住芭比了嗎？她告訴對方自己不願意教一個長指甲的學生了嗎？沒有。她僅僅稱讚芭比的長指甲很美，但為了藝術，有時候必須作出犧牲。她的意思是，我對你的長指甲表示出了同情，但只有付出代價，才能得到你所需要的。

伍勒是美國第一位音樂會經理人，他差不多有 20 多年的經驗，接觸過像嘉利賓、鄧肯、潘洛弗等舉世聞名的藝術家。他告訴我為了要應付那些性格特殊的音樂家，使他獲得了一個寶貴的教訓……必須同情他們，對他們可笑、古怪的脾氣，必須要深深地理解和同情。

有 3 年的時間，伍勒擔任世界低音歌王嘉利賓的經理人。最使伍勒傷腦筋的是，嘉利賓本身就是一個問題，他就像一個被寵壞了的孩子。用伍勒的話來説就是：「各方面都很糟。」

假如晚間有音樂會的話，嘉利賓會在當天中午打電話給伍勒説：「我覺得很不舒服，喉嚨沙啞得厲害，晚上不能上台了。」伍勒聽他這樣説後就馬上同他爭辯？才不，伍勒不這樣處理！

他太明白了，做藝術家的經理人絕對不能這樣直接簡單地處理事情。所以，他會立即去嘉利賓住的旅館，十分理解地安慰他道：「可憐的嘉利賓，這是多麼不幸……當然，你是不能再唱了。我馬上去通知他們，取消今晚的節目，你損失的只是兩三千美金，可跟你的名譽比，那算不了甚麼，真的。」

嘉利賓聽伍勒這話，會懷着感觸的心情歎息道：「你等一會再來好了，下午 5 點鐘來，看那時我的情形會怎樣！」

到了 5 點，伍勒先生再次到嘉利賓的賓館，他堅持要替嘉利賓取消節目……可是嘉利賓又會這樣説：「你再晚一點來吧，到那時，或許我會好一點了！」

到了 7 點半，這位低音歌王終於心軟，答應上台演出了。他唯一的條件就是要伍勒先生到台上預先向聽眾報告，嘉利賓因患重感冒嗓子不好。伍勒當然會假意答應下來，因為這樣嘉利賓才會上台。

蓋慈博士在他的《教育心理學》（*Educational Psychology*）裏這樣寫道：「追求同情是人類普遍的行為。孩子都會急切地展示他受傷的地方，有的甚至故意割傷、弄傷自己，以博大人的同情。」

「成人也同樣如此，他們會趁機向人們展示他的傷痛之處，講述他們遭遇到的意外事故、疾病，尤其是手術的經過。實際上，自憐是一種天性。」

所以，你要獲得別人對你的同意，第九條規則是：

體恤他人的意念和慾望。

卡耐基心得 Dale Carnegie's Tip

體恤他人的意念和慾望。

激起對方高尚的動機

一個人去做一件事通常是為了兩種原因：
一種是真正的原因，另一種則是聽來很動聽的原因。

我自小在劫車大盜傑西．詹姆斯活動的密蘇里州鄉下長大；我曾到基爾尼拜訪過詹姆斯的農場，傑西．詹姆斯的兒子仍然住在那裏。他的妻子給我說了一些故事，提到傑西如何搶劫火車及銀行，然後把搶來的錢分給鄰近的農人，讓他們把銀行的抵押款付清。

傑西．詹姆斯可能把自己當做一名理想主義英雄。兩代之後的蘇爾茲、「雙槍手」克羅里，以及阿爾．卡邦也都存在這種想法。事實上，你所遇見的每一個人——甚至你在鏡子中看見的那個人——總是把自己看得很高，在做自我評價時，總認為自己是個大好人，一直喜歡美化自己。

蓬特．摩根在著作中說，一個人去做一件事通常是為了兩種原因：一種是真正的原因，另一種則是聽來很動聽的原因。

每個人本身都曾想到那個真正的原因，但你用不着強調它。我們每一個人，在心底裏都是理想主義者，總喜歡想到那個好聽的動機。因此，為了改變人們，就要激發起他們的高尚動機。

在進行商務活動時，這種做法會否因為太天真而難以實現呢？先讓我們看看再說。我們就以賓州米契爾公司的漢彌爾頓．法里爾先生為例子。法里爾先生有一個對房子很不滿意並且威脅要搬家的房客。這位房客的租約還有 4 個月才到期，每月房租是 55 美元。儘管租約尚未到期，他卻通知法里爾先生，他馬上就要搬出去。

這個人已在我的屋子內度過整個冬天——也就是一年當中房租最貴的一段時期。我知道，要在秋天之前把公寓再租出去是相當困難的。我可以預見，220 美元就要泡湯了——相信我，我已看到赤字了。

現在，按照一般情形來說，我可能會面對那位房客，奮力展開挽救行動，勸告他把租約再細看一遍。我本來可以指出，如果他搬家，房租的餘款將立刻到期，我也將會那樣採取行動，把那些款項全部收回。

不過，我並沒有因此而大鬧一場，反而決定試試其他戰略。我一開始就這麼說：「先生，聽說你想搬家，但我相信你並不打算搬走。從事租賃業多年，我閱人無數，對人的本性也有所掌握。一開始，我便仔細地觀察了你，我認為你是一個信守諾言的人，對於這一點我深信不疑，因此，我很情願來冒個險。」

「現在，我有一個建議，把你的決定暫時擱在一邊，仔細想一想。如果你在下月初房租到期之前來見我，並告訴我你仍然打算搬家，我向你保證，我一定接受你的決定。我會給你搬家的權利，並承認我的判斷錯了。但是，我仍然相信你是一個遵守諾言的人，你一定會住到租期屆滿為止。畢竟，我們是人，或是動物——選擇權在我們自己！」

果然，到了下月初，這位先生親自來把房租付清。他說，他和他太太討論過了，決定再住下去。他們已經獲得一項結論——唯一的光榮做法，就是履行合約，住到租期屆滿。

現已去世的諾德．諾斯克利夫，有一次發現一家報紙刊登了一張他極不願公開的個人照片，於是他寫了一封信給編輯。他是否寫「請你不要再刊登我那張照片，我不喜歡它」？不，他提到一個高尚的動機。他利用我們每個人對母親的尊敬及喜愛的心理寫道：「請不要再刊登我那張照片，我母親不喜歡那張照片。」

當約翰．洛克菲勒希望阻止報社的攝影記者拍攝他孩子的照片時，他也同樣針對更高尚的動機。他沒有說：「我不希望他們的照片被刊登出來。」不，他利用我們每個人心中避免傷害小孩子的那種慾望。他說：「你們都知道孩子的脾氣。你們當中有些人也有孩子。你們都知道，孩子太出風頭並不好。」

希魯斯．寇帶斯，這位來自緬因州的窮小子，經過一番奮鬥後，終於成為百萬富翁，擁有《星期六晚郵》和《婦女家庭月刊》。當他剛開始創業時，付不起像別家雜誌社那樣高的稿酬，無法請一流的作家為他的雜誌寫稿，於是他就激發他們的高尚動機。例如，他甚至説動了不朽著作《小婦人》的作者奧爾科特小姐為他寫稿。當時她正聲名大噪。而他只是寄出一張 100 美元的支票；不是寄給她，而是寄給她最心愛的一項慈善事業。

説到這裏，或者有些人會質疑説：「哦，這套把戲對諾斯克利夫和洛克菲勒，甚或是那位重感情的小説家來説，當然行得通。但是，老天！我真想看看你把這一套實行在我必須向他們討賬的那些不講道理的傢伙身上！」

你也許説得很對。但沒有一件事是可以適用於任何情況的。我最近決定以稍微圓滑和體諒的方式，來遣散我們公司的多餘員工。因此，我在仔細考核了他們在冬天的個人工作表現之後，把他們一一叫進來。而我就説出下列的話：「史密斯先生，你的工作表現很好(如果他真是如此)。那次我們派你到紐華克去，真是一項很艱苦的任務。你對遭遇到的困難，都處理得很妥當，我們希望你知道，公司以你為榮。你對這一行業懂得很多——不管你到哪裏工作，都會有很光明遠大的前途。公司對你有信心，支持你，我們希望你不要忘記！」

結果呢？他們走後，對於自己被解僱的感覺好多了。他們不會覺得被遺棄。他們知道，如果我們有工作給他們的話，我們會把他們留下來。而當我們再度需要他們時，他們將帶着深厚的私人感情再來報答我們。

在我的講習班有一位名叫詹姆斯．托馬森的學員講述過這樣一件事。

我所在的一家汽車公司的6個客戶拒付車輛服務費。他們並非拒付所有的費用，只是對賬單上的某一項費用有質疑，但是，賬單上的每一項服務項目都有他們的親筆簽名，所以公司認為賬單沒問題。

信貸部的員工採取下列幾個措施去催逼欠款：

1、他們找到了客戶，明確地告訴對方，他們是來收取欠款的。

2、他們表示公司不可能出現錯誤。

3、他們還聲明，公司對汽車知識的了解強於客戶，探討下去徒勞無益。

結果：爭吵不休。

面對這種情況，信貸部的經理決定提起訴訟，控告客戶，這件事引起了總經理的關注，他仔細核查了這幾位客戶，發現他們此前信用良好，從不拖欠款項，總經理意識到收款方式出了問題，於是讓我去收取這筆欠款。

我是這麼做的：

1、我去拜訪客戶，但我不提賬單的事，我對他們說，我是奉命來調查這件事，以便了解公司有甚麼處置不當的措施。

2、我明確表示，我願意聆聽他們的陳述。

3、我告訴對方，他對自己的車最有發言權。

4、等到對方說完他想說的一切，我再告訴他，他的陳述顯示了公正和耐心，正因為他的公正，我要託他辦好賬單的事，相信他的處理結果會是非常妥當的。

結果怎麼樣呢，他們全部付清欠款，並且，在之後的兩年內，又來我們公司買了新車。

最有效的方法是把他們都當做品行端正的誠實人。即使那些行騙者，應讓他感到你特地將他當做一個正直誠實的人那樣對待，大多數情況下，他們會作出寬容的回應。

所以，你要獲得人們對你的同意，第十條規則是：

激起對方高尚的動機。

卡耐基心得 Dale Carnegie's Tip

我們每一個人，在心底裏都是理想主義者，總喜歡想到那個好聽的動機。因此，為了改變人們，就要激發起他們的高尚動機。

使你的想法具有天才的戲劇效果

這是一個表演的時代，如果只是敘述原理，
是不夠的，沒有具體的效果。
這種原理需要具體化，需要生動活潑、有趣、戲劇化，
所以需要表演。

還是很多年前，《費城晚報》受到謠言的惡意攻擊。有人指責該晚報廣告多於新聞，沒有實質內容，缺少真實報道，失去吸引力，報紙消費者感到非常不滿，報紙的銷路也受到嚴重影響。該報社雷厲風行，立即採取有效措施，設法阻止這種惡意謠傳的擴大。

採取甚麼樣的措施呢？

該晚報將一天中各項閱讀資料剪下來，分門別類編成一本書，叫做《一天》，厚達 307 頁，而該報社只賣幾分錢一本，和一本價值 2 美元的書差不了多少。

該書出版後，把《費城晚報》新聞資料豐富翔實的特點，具體地表現出來。這比用任何圖表、數字和辯解都有趣、清楚得多，並且給人深刻的印象。

科特·考夫曼在他《商業上的表演術》一書中，舉過很多例子，為説明如何增加一家公司的營業額，這本書引述了一家電氣公司是如何銷售冰箱的。他們為向買主證明冰箱在接通電源後是沒有噪音的，請買主到冰箱邊擦燃火柴，要是還能聽到擦火柴的聲音，那就説明冰箱是沒有一絲雜音的。還有，如洛巴克帽子公司的經營項目上這樣寫着，他們公司有電影明星安蘇珊簽過名的帽子，每頂售價 1.95 美元。范爾巴把活動陳設窗關閉後，為甚麼會流失 80% 的觀眾；一家玩具公司，起用米老鼠的商標之後，為何使他由破產走向興隆；克萊斯勒汽車公司在他們的一輛汽車上放上幾頭大象來證明他們出產的汽車是何等的堅固和結實。

紐約大學的巴頓和伯西通過對 1.5 萬個售貨訪問的分析，寫了一本叫做《怎樣贏得一次辯論》的書，在書中，他們將其中的規律總結為一篇演講稿，稱之為「售貨六原則」，再把這些規律攝製成電影，在數百家大公司職員面前放映。他們還親自到公共場所做示範表演，指出售貨時正確與錯誤方法的區別。

這是一個表演的時代，如果只是敍述原理，是不夠的，沒有具體的效果。這種原理需要具體化，需要生動活潑、有趣、戲劇化，所以需要表演。你也應有像他們那樣的表演能力，演員能這樣做，無線電台能這樣傳播，那為甚麼你不可以這樣去做呢！

佈置櫥窗的專業人士很清楚「戲劇化」具有的驚人效果。如：一家鼠藥製造商給一位零售商佈置了一個別開生面的櫥窗，別出心裁地在裏面放了兩隻活老鼠，以證實他的老鼠藥的功效。果然，在這一星期內所賣出的老鼠藥比平時增加了5倍。

《美國週刊》的波恩頓做了一篇市場調查報告，報告的內容很長。他的公司給一家牌子最響的潤膚霜製造商完成了一篇詳細的研究，然後他必須要向潤膚霜的客戶説明這一情況。

波恩頓先生不得不承認頭一回的接洽算是糟透了。

頭一回進去，我感覺遇鬼了，沒多久就轉到徒勞無功的討論調查方法的方向去，他辯論，我跟他爭論，對方指出是我有誤，而我一味想證明自己並沒有甚麼不對。

最後，儘管在理由上我佔盡優勢，自己也很滿意，但我的時間到了，會談也結束了，我一無所獲。

第二次，我沒有去搭理那些數字和各種資料，我把事實表演給他們看。

我進入辦公室，他正在接電話。電話筒一放下，我把手提箱打開，掏出32瓶潤膚霜，放到他面前；他知道這些東西，並也清楚那都是同業的競爭品。

我在每一個盒子上貼上一張紙條，上面寫着我調查所得的結果，那些紙條上還簡明地寫上該項商品的歷史。

結果怎麼樣呢？

這次不再有爭論了，反倒發生了新奇的事情。他一瓶又一瓶地拿起潤膚霜來看標籤上的說明，融洽的談話展開了，他問了一些問題，而且對我的解說也非常感興趣，本來他只給我

10 分鐘時間，但是 20 分鐘過去，40 分鐘過去了，快到一個小時了，我們還在繼續談着。

這次我講的跟上次的一樣，但是這次我**把事實具體化了**，改用表演的模式，所得的結果卻是多麼的不同！

所以，你要獲得人們對你的同意，第十一條規則是：

給你的想法一個戲劇化的演繹。

卡耐基心得 Dale Carnegie's Tip

給你的想法一個戲劇化的演繹。

能讓他人不斷面臨刺激和挑戰

求勝的慾望，再加上挑戰心理，

對任何一個有血氣的人來說，都是一種最有效的激勵。

司華伯手下有個經理，無法使他管理的工人的生產達到標準產量。

司華伯問他：「怎麼回事？像你這樣有能力的人，為甚麼不能讓工人達到預計的生產量？」

經理回答說：「我也弄不清楚這是怎麼回事。我用了很多方法，就是沒有辦法讓他們辛勤工作。我鼓勵過他們，不得已時責罵過他們，甚至用處分、革職來嚇唬他們，可是這些都沒有用。」

他們談話的時候，正好是日夜班交接之時。

司華伯向經理說：「你給我找支粉筆來。」他拿着粉筆，走近旁邊的工人，問他：「今天你們這一班完成了多少個單位？」工人回答：「6 個。」

司華伯聽後不說一句話，就在地上寫了一個大大的「6」字後，扭頭就走了。

夜班工人接班後看到這個「6」字，就打聽這是甚麼意思。

日班的工人就說：「大老闆剛才來這裏，他問今天我們一共做了幾個單位，我告訴他說6個，他就在地板上寫了這個。」

第二天早晨，司華伯又來了，夜班工人已把「6」字換成一個大大的「7」字了。

這天，日班的工人看到地上已換上「7」。他們感到夜班工人的工作效率比自己強了。哦，真是這樣？是的，那就可以了。他們想要有更好的表現，就只能加緊他們的工作。那天，白班工人快要下班時，他們「留下」一個大得出奇的「10」字，情況也就這樣扭轉了。

沒過多久，這家工廠的生產量提高了，且比公司裏任何一家工廠的生產量都要多。這是為甚麼呢？

用司華伯自己的話來說就是：「假如想做成一件事，就必須施行競爭法則，那並不是說眼中只有錢，而是要具備一種勝過他人的強烈競爭慾！」

求勝的慾望，再加上挑戰心理，對任何一個有血氣的人來說，都是一種最有效的激勵。

就拿羅斯福來說，假如當初沒有這種挑戰慾，他就不可能坐上總統的寶座。這位英勇的騎士從古巴一回來便被推舉為紐約州州長候選人。但他的反對黨指出羅斯福不屬於紐約州合法居民，他得知這一情況後，心理十分恐慌，想要退出競選。

黨魁普拉德轉身向羅斯福大聲地喊道：「難道聖巨恩山的英雄，竟是這樣一個弱者？」這句話使羅斯福鼓起勇氣，挺身跟反對黨對抗。後來的種種演變，歷史上都有詳細記載。

這個挑戰不只改變了羅斯福自己的命運，對美國歷史也產生了很大的影響。

司華伯很清楚**挑戰有極大的力量以及誘導力**。普拉德知道，史密斯也知道。

鬼島西端有一座臭名昭著的辛辛監獄，而這座監獄缺少一位典獄長，史密斯需要一位品格堅毅勇敢、具有治理才幹的人來管理辛辛監獄。可是有誰能勝任這個職務呢？他召來波士頓的勞斯。

「去辛辛如何？那裏需要一個勇敢的人來管理！」

勞斯知道辛辛監獄的情況，那是何等的危險，時時刻刻都會受到政治變化的影響，那裏的典獄長不停地在更換，從來沒有一個能待超過 3 個禮拜，他要考慮自己是否值得冒這個險？

史密斯見他猶疑不決，微笑着勉勵他說：「我不會責怪你，年輕人。是的，那的確不是一塊太平之地，那需要一個人物，需要一個有才幹、有才能、有魄力的人。」

史密斯是不是下了一個挑戰，激了他一下？勞斯的心中立即被激起了一種願意嘗試這個需要一個「大人物」的工作的念頭。

他真的去了，而且長久地呆了下去，成了當時最有名的典獄長。他寫了一本《辛辛監獄兩萬年》(*20,000 Years in Sing Sing*)的書，一出來就洛陽紙貴，暢銷全國，還上電台廣播，他寫的獄中生活的那些故事，被當做電影素材，拍成多部影視作品。而且，他對罪犯人道化的見解，成為後來許多監獄改革的先聲。

菲斯頓橡皮公司創辦人菲斯頓曾說：「只有競爭和挑戰，才能發揮他們的工作效能。別以為高額薪金就可聚集人才。」

挑戰是任何一個成功的人，都喜愛的競技！**挑戰，既是難度，又是表現自己和證明自己能力、價值的機會**。由此造就了一些稀奇古怪的競技，如競走、吃饅頭比賽等等，而這能滿足人類爭強好勝獲得自重感的慾望。

所以，假如你想得到那些血氣方剛、鬥志昂揚的人的同意，就必須記住第十二條規則，那就是：

提出一項挑戰。

卡耐基心得 Dale Carnegie's Tip

如果我們想幹成某一件事，就必須鼓勵競爭。

使人心平氣和地接受批評的九條規則

給予真誠的讚賞

當我們聽到別人對我們的稱讚後，
如果再聽到其他不愉快的話，就比較容易接受了。

讚美在心理學上是很巧妙的，就像理髮師替人修面時先敷上一層肥皂水。

心理學研究表明，當我們聽到別人對我們的稱讚後，如果再聽到其他不愉快的話，就比較容易接受了。我的朋友在一次週末應柯立芝總統之邀到白宮做客，他走進總統辦公室時，正好聽到總統在向女秘書說：「你今天的衣服真好看。」

平常總是沉默寡言的柯立芝總統很少這樣說話。這次卻對女秘書說出這樣的話來，使女秘書的臉頓時紅了起來。總統又說：「別不好意思，我這麼說，是為了使你感到高興點；以後對公文的標點符號稍稍仔細點。」

總統對女秘書的方法，儘管明顯了點，但他所運用的心理學方法卻是很巧妙的。

麥金利在 1856 年競選總統時所採用的方法，正是運用了這項原理。

共和黨一位重要黨員傾其才華為麥金利寫了一篇演講稿，他感覺這次寫得異常出色，認為這是他的不朽之作，所以很高興地在麥金利面前朗讀了一遍。這篇演講稿雖有很多可貴的地方，但並非他想像的那樣好，麥金利聽後覺得並不十分適合發表出去，這樣的話可能會導致反對黨的批評風波。但是麥金利不願打擊他的一番熱忱，但他又不能不說出「不」字，讓我們來看看他怎樣應付這種場合。

麥金利說：「我的朋友，這真是一篇精彩絕倫的佳作，我相信再也沒有人能比你寫得更出色了。就許多場合來講，這確實是一篇天才級的演講稿，但在某種特殊的場合是否適合呢？在你看來這是合適的、慎重的；但我必須從黨的立場來考慮你的演講稿發出後可能產生的一切影響。現在你回去根據我所提出的幾點，再修改一下，並送一份給我。」

果然，他那樣做了。麥金利也很認真，用藍筆把他的第二次草稿再加以修改。結果證明，那位黨員在那次競選中成為麥金利最得力的助手。

林肯寫的第一封最著名的信件，是給畢克斯貝夫人的，為她的 5 個兒子在戰場犧牲而表示哀悼。寫那封信，林肯可能只花了 5 分鐘。可是，那封信在 1926 年公開拍賣時，售價高達 1.2 萬美元，比林肯半輩子所有的積蓄還多。下面，則是林肯寫的第二封最著名的信件。

這封信寫於 1863 年 4 月 26 日，那是內戰最黑暗的時期，戰爭已經持續 18 個月了，林肯的一眾將領帶着聯軍屢遭慘敗，整個戰爭除了大屠殺外，已沒有甚麼意義。那時人心惶惶，數以千計的士兵臨陣脱逃，全國譁然，甚至參議院的共和黨議員也起了內訌，更令人不安的是他們強迫林肯離開白宮。

林肯自己也説：「我看不到一絲希望的曙光，現在，我們已走到了毀滅的邊緣，上帝好像也在反對我們。」這封信就是在那麼黑暗混亂的背景下寫出來的。

我摘錄這封信的目的只有一個，就是想説明林肯在這樣一個非常時期怎麼樣改變了一位固執的將領，而成敗的命運，就繫在這位將領身上。

這是林肯任職總統期間寫過的措辭最鋭利的一封信。但你仍然可看到，林肯在指出他犯下的嚴重錯誤之前，還是先稱讚了對方。的確，那些是他曾經犯下的嚴重錯誤，但林肯筆鋒穩健，具有外交的策略，他把責備隱藏於機智和幽默之中。

下面就是林肯寫給胡克爾將軍的信：

我已任命你為麥克軍隊的司令官，我這樣做是有充足根據和理由的。可是我想你也明白，有些事你做得讓我感到為難。當然，我確信你是一個難得的驍勇善戰的將軍，這點令我感到寬心。但同時我也要説，你不應該把政治和軍人的職責摻雜在一起，這方面你並沒有錯，你對自己有堅強的信念，那多麼好，那是一個軍人有價值的可貴品德。

你有野心，在某種範圍內，那是十分有益的。但在波恩賽將軍帶領軍隊的時候，你縱容了你的野心，阻撓他。在這件事情上，對於你的國家，對一位功勛卓著的同僚，犯下了一個難以饒恕的錯誤。

我聽說，你最近曾說軍隊和政府需要一位獨裁者。當然，我授予你軍隊的指揮權，絕非此因；同時，我也不希望是這個原因。

只有那些凱旋而歸的將軍才有資格當獨裁者。眼下，我對你的最大期望就是這種勝利，到那時，我會冒着危險授予你獨裁權，司令官先生。

政府盡其所能支援前線的你，就像支援其他將軍一樣。但我真的很擔心你灌輸給軍隊和長官不信任上司的有害思想，以至於不良後果落到你自己身上。所以我願意竭力幫你平息你這種危險的思想。

軍隊一旦染上這種思想，即使是拿破崙再世，也不能從軍隊中得到些甚麼？眼下，不要過於匆忙，需要小心謹慎，切莫輕率推進，竭盡全力去爭取我們的勝利。

當然，我們不是柯立芝，不是麥金利，更不是林肯，但你想知道這個道理在日常生活中對你如何有用嗎？現在就以費城華克公司的卡伍先生為例：卡伍先生是個普通人，跟你我一樣，他是我在費城講習班的學員。這個故事就是他講的。

在費城，華克公司承包下一座辦公大廈的建築工程，指定必須在規定的日期內竣工。工程進展很順利，眼看快要完成了，但承包外面銅工裝飾的商人突然説他不能如期供貨了。

眼看整個建築工事就要因此停下來了！如果不能如期完工，公司就要付巨額賠償！這慘重的損失，僅因承包銅工裝飾的商家不能如期供貨。

接二連三的來電，激烈的爭辯、吵罵，起不了任何作用。就在這樣的情況下，卡伍被派往紐約，找承包銅工裝飾的商人進行當面交涉。

卡伍走進經理的辦公室，他說的第一句話就是：「你的名字在布魯克林市是絕無僅有的！」這位經理聽到這話，感到驚訝和意外，他搖搖頭說：「我自己都不知道呵。」

卡伍說：「今天早上，我下了火車翻電話簿，找你的住址，發現整個布魯克林市只有你一個人叫這個名字。」

那經理說：「真的？我可從來沒有注意過。」於是他很感興趣地把電話簿拿來查看，一點不假，那經理很自豪地說：「是的，這確是個不常見的姓名，我的祖籍是荷蘭，來到紐約已有200年了。」接着就談論他的祖先和家世的情況。

這件事談完了，卡伍又找了一個話題，讚美他的工廠規模如此龐大。卡伍說：「這是我見過的所有銅器工廠中最漂亮、完美的一家。」

那位經理說：「是的，我所有的精力都花在經營這家工廠上，我以此為榮，閣下是否願意參觀一下？」

「當然。」卡伍說。參觀時卡伍盛讚工廠組織系統的優越性，並且指出哪一方面遠勝於其他的工廠，特別讚許了幾種該廠擁有的特殊機器。這位經理自豪地告訴卡伍，那幾項機器還是他自己發明製造的。他在解說這種機器的使用方法上花了很長時間，他堅持要請卡伍一起吃午餐！有一點請讀者務必記住，直到現在，卡伍對他這次來訪的目的一個字都沒說。

午餐吃完了，經理說：「現在，言歸正傳。我當然很清楚你此行的目的。可真沒想到，我們會談得這麼愉快。」他滿臉笑容，說：「你先回費城，我保證貨準時到，一分鐘都不會差，即使耽誤了別的生意，我也要它準時到達。」

卡伍沒有提出任何要求，可他此行的任務順利完成了，材料全部如期到達。現在想，假如卡伍跟那位經理爭辯，會不會有這樣的結果？

所以，改變一個人的意志的第一條規則就是：

以真誠的稱讚和欣賞開始。

卡耐基心得 Dale Carnegie's Tip

以真誠的稱讚和欣賞開始。

如何批評才不致招怨

我們要勸阻一件事，永遠要避實就虛，
躲開正面的批評，這是很關鍵的。
有必要的話，我們應旁敲側擊地去暗示對方。

一天中午，司華伯偶然走進他的一家鋼鐵廠，看到幾個工人在吸煙，而在那些工人頭頂的牆上，就掛着一塊「禁止吸煙」的牌子，司華伯是不是指着那塊牌子向工人說：「難道你們不認識字？」

不，司華伯絕不會這般沒有策略。

他走到工人面前，拿出煙盒，給每人發一支雪茄，說：「嗨，各位弟兄，別說謝謝，假使你們能到外面抽煙的話，我就非常滿意了。」眾工人已知道自己違反紀律，可他們欽佩司華伯沒有責備他們，反而給他們每個人派雪茄，讓他們充分感覺到自己的重要和高貴。像他這樣的人能不讓人喜歡嗎？

范那梅克是費城一家大百貨公司的老總，他也愛用這種方式。每天，范那梅克都去他的百貨公司一趟。有一次，他看到一位女客人站在櫃枱外等着買東西，可是沒有一個人招呼她。

售貨員都聚在櫃枱遠處的一個角落談笑風生。范那梅克悄悄走到櫃枱，招呼那位女顧客。然後他把成交後的貨物，交給售貨員，讓他去包裝一下，自己卻一聲不響地走開了。

在批評他人而不會招致怨恨方面，常常因不同連接詞的使用是否恰當，而帶來不同的結果，許多聰明人常常會在作出批評之前先來一番讚揚，接着再說一個轉折詞。比如在批評孩子學習上的粗心時，我們通常會這麼說：「約翰，你這個時期的成績不錯，我們為你感到高興，不過，如果在運算上再認真一點，那就更好了。」

這種說法會讓約翰覺得受到了鼓勵。

大多數人對於直接的批評都深惡痛絕，因此有必要婉轉地提醒他。而一旦用語婉轉，就會效果驚人。

羅德島的莫吉・嘉就曾在培訓班上說過，她說服建築工人改變隨地亂扔東西的習慣的事。當時，那些工人在為她建一個儲藏室。

在開始施工的那幾天，我一下班回家，就發現滿院子都是木碎，心裏很不舒服，但我不願意得罪他們，因為他們幹活非常辛苦。等他們離去後，我和孩子把這些碎木塊撿拾起來放在牆角。第二天早上，我把工頭叫到一旁告訴他：「你瞧，我很滿意你們把前院收拾得那麼乾淨，各位鄰居都沒有表達任何不滿。」

從此以後，工人不再亂扔木塊了，而是照着我們拾放木塊的方式擺放在牆角。工頭每天還要問我是否滿意。

1887 年 3 月 8 日，以善於佈道著稱的皮雀牧師去世了。所以，下一個週日，埃伯德牧師就被邀登壇佈道。他相信自己能使這次佈道有不俗的表現，所以他事先寫了一篇佈道的稿子，準備到時候用。他修改潤飾多次，才完成那篇稿子。然後，讀給他太太聽，但是，這篇佈道的演講稿並不很理想，就跟普通演講稿一樣。

假如他太太修養不夠的話，一定會對他嚷着説：「埃伯德，這稿子糟透了，絕不能用，照你這樣演講，聽的人一定會睡大覺的，它讀起來就像哲學書、百科全書。你講道這麼多年，應當明白，親愛的，為甚麼不跟平常講話一樣，為甚麼不自在一些呢？」

她當然可以向丈夫説如上這番話！若她不這樣説又如何呢？埃伯德太太顯然知道這是怎麼回事，所以她很巧妙地暗示丈夫，要是這篇演講稿拿到《北美評論》上去發表，那的確是一篇很好的傑作。換句話説就是，她讚美丈夫的同時，卻又向他暗示，這篇稿子並不適合用來佈道。埃伯德肯定會看出他妻子的暗示。所以，他把那篇絞盡腦汁完成的演講稿撕了，甚麼也不拿就去佈道了。

必須記住的是，若我們要勸阻一件事，關鍵是要避實就虛，躲開正面批評。有必要的話，應旁敲側擊地去暗示對方。正面的批評會毀損他人的自重，傷害人的自尊，而**採用旁敲側**

擊的方法，**對方知道你用心良苦**，即使一時不能接受，但是他會感激你。

所以，要改變人們的原有意志，又不會引起對方的反感，第二條規則就是：

間接迂迴地指出他人的過錯。

卡耐基心得 Dale Carnegie's Tip

大多數人對於直接的批評都深惡痛絕，因此有必要婉轉地提醒他。

先說出你自己的錯誤

一個人欲要批評別人前，
先要謙遜地承認自己也不是十全十美、無可挑剔的，
然後才指出他人的錯誤，這樣會比較容易讓人接受。

我的侄女約瑟芬，3 年前離開她在坎薩斯城的家，到紐約來給我做秘書。那時約瑟芬才 19 歲，高中畢業，還沒有甚麼工作經驗；而現在她是一位很稱職的秘書了。

剛來的時候，我看她實在有待好好學習。一天，我剛想批評她時，先對自己說：「慢着，再等一等，戴爾．卡耐基。你年紀比約瑟芬大上一倍有餘，現在你處事的經驗高過她 100 倍還要多。你怎麼要求她具有你的觀點、你的判斷力、你的想法和見解呢？戴爾，**當你在 19 歲的時候，你又做了些甚麼**？還記得你那拙劣愚蠢的行為嗎？」

公平地認真對比後，我發現，約瑟芬比我在她這個年紀時好多了。從此以後，當我提醒約瑟芬要注意某些地方時，我總是這樣對她說：

「約瑟芬，你只是犯了一丁點錯，可是上帝知道，你並不比我當年所犯的錯誤更糟糕。人不是一生下來就能判斷一件事的，那需要學習，從經驗中不斷得來。

「而且，我在你這年紀時並不如你，甚至比你差多了。那時我犯過很多極其可笑的錯誤，我絕不是要批評你或者其他任何人，只是如果你照我說的方式去做，會不會更好一點呢？」

1909 年，圓滑的布魯親王就已深刻感悟到利用這種方法的重要性了。當時，德國皇帝威廉二世在位，他目空一切，驕傲自大，建立陸軍和海軍，想要與全世界的人為敵。

結果，一件讓人大跌眼鏡的事情發生在他身上。

就在他作客英國時，在大庭廣眾之中，他說的一席話震驚了整個歐洲，甚至波及世界各地。最糟糕的是，他還允許把這些可笑的、自傲的、荒謬的言論讓《每日電訊》照原意發表出來。

德皇說，他是唯一對英國感覺友好的德國人。他正在建造海軍，以對付日本國的危害。只有他才能使英國不致屈膝於法俄兩國的威逼利誘之下。英國羅伯特爵士在南非能夠戰勝荷蘭人，那完全是出於他的籌募。

在過去 100 年的和平時期，歐洲沒有一位國王會說出這等貌似驚人的愚蠢之語。頓時，歐洲各國一片譁然，像馬蜂窩被捅開了似的。英國方面非常憤怒，而德國國內的那些政治家更是為之驚羞、汗顏。

在一陣驚慌之中，威廉二世也漸漸感覺到了事態的嚴重，顯得有點慌張了。他暗示布魯親王，要他代為受過。皇帝要布魯親王宣稱那一切都是他的主張，是他建議皇帝説出這樣一些大話來。

可是，布魯親王説：「但是陛下，恐怕德國人或英國人，都不會相信我會建議陛下説那些話的。」

布魯親王説出這話後，立刻發覺自己犯下一個極其嚴重的措辭失誤，立時激起了威廉二世的憤怒。

他幾近咆哮地説：「你以為我是一頭蠢驢嗎？連你都不至於犯下的過錯，而我卻做得出來？」

布魯親王何等聰明，他明白自己應先做一定的鋪墊或犧牲，然後再指出皇帝的過失，只是後悔已來不及了。他只能做補救工作：即在批評失當後，馬上加以讚美。結果，彩虹立即就出現了。

因此他謙卑地説：「陛下，在下絕對不敢有此意。陛下絕頂聰明，遠勝於我，不只是在海軍的知識上，尤其在自然科學方面，每次您談到晴雨錶、無線電報等高深知識時，我總感到羞愧，才明白自己對這個世界知道的實在是太少了。化學和物理一竅不通，即使普通的自然現象，我也不能作出科學的解釋。但引以為榮的也就是我的那點歷史知識，也不過稍稍知道一點，也還有一點點政治上的才能，特別是外交上的才能。」

威廉二世臉上馬上轉陰為晴，現出笑容來，那是布魯親王極度地稱讚了他。布魯親王貶低了自己，以抬高了威廉二世。經布魯親王作出解釋後，這位皇帝馬上原諒了他。威廉二世很高興地說：「我不是常跟你講，我們以彼此能相輔相成而出名嘛。我們需要真心、熱忱的合作，而且我們都願意為之努力。」

他同布魯握手，不止一次，而是很多次。那天的一整個下午，他都緊緊地握着布魯親王的手，說：「要是哪個王八蛋對我說布魯不好，我的拳頭就會砸在他的鼻樑骨上。」

布魯親王及時挽回了自己的過錯。只用幾句謙稱自己而稱讚對方的話，就把盛怒中傲慢得不可一世的德國皇帝變成朋友！可想而知，謙遜和稱讚在我們的生活中是多麼重要！由此可見，恰當地運用謙遜和稱讚，在人際關係上，真會發生不可思議的事情。

要改變一個人的想法而不激起他的反感，第三條規則就是：

在批評對方之前，不妨先談談自己的錯誤。

卡耐基心得 Dale Carnegie's Tip

在批評對方之前，不妨先談談自己的錯誤。

沒有人喜歡被人指使

用提問的方式代替命令更容易讓人接受，
而且往往還會激發起被問方的創造能力。

他從沒有聽到揚·歐文向任何一個人說出一句直接命令的話。**他使用的措辭，始終是建議，而不是命令**。

最近，我很榮幸，能同美國著名的傳記作家泰勒女士共進午餐。我告訴她我正在寫《人性的弱點》，當我們討論到人與人相處的重要問題時，她告訴我，她在撰寫揚·歐文傳記時訪問過一位跟他在同一辦公室工作 3 年的人。

那個人說，3 年來，他從沒有聽到揚·歐文向任何一個人使用命令口氣。他使用的措辭始終是建議性質的，而不是祈使句。

揚·歐文從不這樣說：「做這，做那。」或者：「別這樣幹，別那樣幹。」平時他對人的措辭是：「你不妨再考慮一下。」或是：「你覺得那樣有用嗎？」

當他寫完一份文件後，常這樣問：「你認為怎麼樣？」當他看過秘書寫完的一份文件之後，他這樣說：「或許，這樣措辭會比較好一些。」他就是這樣，他決不告訴助手應該怎麼怎麼樣，而是讓他們從錯誤中總結經驗，在學習中自我鍛煉、成長。

他的這種方法讓人容易改正自己原來犯過的錯誤。既尊重了對方的自尊，又使人有自重感。這種方法也容易取得真誠的合作，而對方不會拒絕。

因急躁地給人發佈命令所帶來的怨恨，可能會持續一段很長的時間，即使是為了糾正明顯的錯誤而發佈的命令也不例外，賓夕法尼亞州懷俄明的一位學校教師丹·桑塔里，在我的培訓班上講述了這樣一個例子：

有一個學生因為違章停車而把學校工場的入口塞住了。一位教員氣呼呼地衝進了課室，大聲說：「是誰的車把通道塞住了？」那位學生承認是自己的車。可是教員卻不依不饒，又大聲說：「趕緊把它挪開，趕緊！否則我就叫人將它拖走。」那位學生把車停在了不該停的地方，顯然是一個錯誤，但從那天開始，這個班上幾乎所有的學生都對那位教員心懷怨恨，事事與他作對，使他無法正常愉快地工作。

這位教員怎麼做才不至於給自己帶來麻煩呢？他應該和藹地詢問：「塞在通道上的車究竟是誰的？」然後再告訴對方，只有將車挪開，別的車才可以開走。這樣一來，那位學生便會愉快地接受，各位同學也不會對他心生怨恨。

相比起來，用提問的方式代替命令更容易讓人接受，而且往往還會激發起被問方的創造能力。試想，如果被命令者參與決定命令，他會不樂意接受這個命令嗎？

伊恩．麥克唐納是南非約翰內斯堡一家生產精密零件的小型工廠經理，有一次，他要面對一張很大的訂單，但是他也知道自己工廠的能力不足以完成這批訂貨。

他並沒有催促工人拼命工作，完成任務，而是把大家召集在一起，說明情況，然後提出問題：「大家看看，我們能用甚麼辦法完成這批訂貨？是不是每個人都能實行一些措施？或者，有沒有辦法調整工作人員的時間？」

員工紛紛提出意見，並且堅持接下訂單，而且如期完成。

所以，要改變一個人的想法而又不冒犯他或引起反感，第四條規則就是：

指揮辦事時，盡量少用命令語氣。

卡耐基心得 Dale Carnegie's Tip

指揮辦事時，盡量少用命令語氣。

顧全對方的面子

我們只需花上幾分鐘時間好好想想，
再說一兩句體諒對方的話，
就可以免去很多不必要的刺痛。

美國通用電氣公司遭遇到一件很不易應付的事，他們要把斯坦米茨的部長職位撤掉。斯坦米茨在電學方面的學識可以説是一流的人才，可他擔任的卻是會計部部長，等於浪費了人才。他是一個很敏感的人，公司的人都不敢得罪他。最後，公司決定為他設置一個新頭銜，讓他擔任顧問工程師，而另派他人擔任會計部部長。

斯坦米茨很高興！公司的主管人員也相當滿意。他們輕易地調動了一位有怪癖的高級職員，而他們之間並沒有發生任何不愉快，因為他們顧全了斯坦米茨的面子。

因此，顧全他人的面子，多麼重要！可是在我們之間卻很少有人這樣做。有時，我們蹂躪他人的感情，達到不留餘地的地步，找別人的錯處，或者加以威脅，當着別人的面，批評人家的孩子或是傭工，毫不顧及別人的尊嚴。

事實上，我們只需花上幾分鐘時間好好想想，再說一兩句體諒對方的話，就可以免去很多不必要的刺痛。

那麼，如果我們遇到這種事情時，應當記住怎樣去做。

我在這裏引用格雷琪會計師給我的一封信：

辭退僱員是一件棘手的事，被辭退的人，更不會有何高興可言。我負責的業務是有季節性規律的，每到 3 月份我都要辭退一批僱員。

俗話說「沒有人願意掌管斧頭」，好像專門是針對我們這一行業說的。結果，就形成了一種習慣，解決愈迅速愈好。每解聘一名僱員時，我都這樣跟他說：「現在季節已過，我們已沒有甚麼事給你做了。當然，我想你也知道，只是在忙不過來時，我們才請你們來幫忙的。」

我的這些話對這些人來說是一種失望，一種被人甩掉的感覺。他們當中的大多數人終身都依靠會計行業生活。對於就這樣草率地輕易辭退他們的公司會憎恨無比。

最近，當我要辭退那些額外僱員時，就稍微動上一點腦筋了。我把每人在這一季中的工作成績細看過後才召見他們，我這樣對他們說：「S 先生，你這一季的工作成績不錯。上次，我們委派你到珠瓦克城辦的那件事的確很有難度，但你卻辦得十分出色，本公司擁有你這樣的人才非常幸運，你很能幹，前程似錦，到甚麼地方都會有人歡迎你這樣的人才的，公司很感激你這些日子的勞動，也相信你的能力，希望你有空就來公司看看，如果有機會我們再合作！」

結果怎樣？那些被我辭退的人，心情舒服多了，他們不再覺得像是受了天大的委屈。他們心裏明白，如果這裏再有工作機會，公司還會重新聘請他們的。當我們下一季又請他們來時，他們對我們公司更加親切，更有好感。

已故的馬洛先生有一種奇特的才能，他專門勸解兩個水火不容的生死冤家。看看他是如何做到的：他有理有據地找出雙方都會認可和接受的事實，並且加以讚許，直到雙方都滿意為止。**不論最後如何解決，他決不說任何一方有錯**。

一個真正的仲裁者是懂得保全任何一方的面子的。世界上那些偉大的人物不會鼠目寸光，他們大都是高瞻遠矚的。

經過好幾百年的戰爭與仇視，在 1922 年，土耳其人終於決定要將希臘人驅逐出境。土耳其總統凱末爾沉痛地向士兵說：「你們的目標就是地中海。」就這樣一句話，近代史上最慘烈的一場戰爭開始了，戰爭的結果是土耳其人獲勝。當希臘的兩位將軍鐵考比斯和狄阿尼向凱末爾請降時，沿途遭到土耳其民眾的蔑視和謾罵。

但是，凱末爾並沒有以王者自居，擺出一副驕傲的姿態來。他握着他們的手，真摯地說：「坐吧，你們一定感到困倦了！」凱末爾談過戰爭情況之後，為減少對方的心理負擔，便說：「戰爭有如一場體育比賽，有時候高手也會失手的。」

凱末爾成了戰爭的寵兒，他知曉第五原則的重要性：顧全對方的面子。

卡耐基心得 Dale Carnegie's Tip

一個真正的仲裁者是懂得保全任何一方的面子的。

如何鼓勵他人獲得成功

在習慣性地未能運用的能力之中，
有一種你必定沒有發揮出來，就是讚美鼓勵別人，
激勵人們發揮潛在的才華。
才華會在批評下萎縮，而在激勵下綻放花朵。

在訓練狗時，我們都懂得讚美，即使是一點小小的進步。派特．巴洛是我的一位老朋友。他有個狗與小馬的節目，他一生都跟馬戲團和雜耍團到處表演。我很喜歡看派特訓練狗的樣子，當狗有了一點點的進步，派特就會拍牠，誇獎牠，還給牠肉吃，並逗牠一陣子。

這沒甚麼新鮮的。幾個世紀來，馴獸師都是用同樣的方法。

我一直在想，為甚麼當我們要改變別人時，**不用嘉許來代替斥責**？即使是最小的進步，也讓我們來讚美吧！這樣會激勵人們不斷地進步。

在《孩子，我並不完美，我只是真實的我》（*I Ain't Much, Baby-But I'm All I Got*）這本書中，著名心理學家傑絲．雷耳評論說：「稱讚對溫暖人類的靈魂而言，就像陽光一樣，沒有它，我們就無法成長開花。但是我們大多數人，只是敏於躲避別人的冷言冷語，而我們自己卻吝於把讚許的溫暖陽光給予別人。」

我能夠回顧我的生命，並找出那些改變了我命運的嘉許之言。你是否也能在你的生命中，找出同樣的東西？歷史全是由這些誇讚的真正魅力來做令人心動的註腳的。

例如，許多年前，一位 10 歲的男孩在那不勒斯一家工廠做工，他一直想當一個歌星，但他的第一位老師卻讓他洩了氣。他說：「你不能唱歌，你根本五音不全，簡直就像百葉窗被風吹一樣。」

但是他媽媽——一位窮苦的農婦——用手摟着他並稱讚他說，她知道他能唱，她認為他有些進步了；她節省每一分錢，好讓他去上音樂課。這位母親的嘉許，改變了這個孩子的一生。他的名字叫恩瑞哥．卡羅素，後來他成了那個時代最偉大的歌劇演唱家。

很多年以前，倫敦有位年輕人想當一位作家。他好像甚麼事都不順利。他幾乎有 4 年時間沒有上學。他的父親鋃鐺入獄，只因無法償還債務。這位年輕人還時常遭受飢餓之苦。終於，他找到一份工作——在一個老鼠橫行的貨倉貼標籤。晚上在一間陰森靜謐的房子裏，和另外兩個男孩一起睡——他們兩個人是從倫敦的貧民窟來的。他對他的作品毫無信心，所以他總是趁深夜溜出去，把他的稿子寄出，免得遭人笑話。一個接一個的故事都被退稿，但最後他終於被人接受了。雖然他一先令都沒拿到，但有一位編輯誇獎了他，承認了他的價值。他的心情太激動了，因而他漫無目的地在街上亂逛，眼淚流滿雙頰。

因為一篇文章獲得的嘉許，改變了他的一生。假如不是這些誇獎，他可能一輩子都在老鼠橫行的工廠做工。你也許聽說過這個男孩的名字，他叫查爾斯・狄更斯。

另外一個男孩在一家乾貨店工作維生。早上 5 點，他就得起床打掃店面，一天如奴隸般忙碌 14 個小時。那真是又單調又辛苦的工作，他自己也輕視這份工作。兩年後，他無法忍耐了，於是變得狂躁起來。有一天起床後，還沒吃早餐，他就跋涉了 15 英里的路，投奔他做管家的母親。

他向她懇求，而且哭了，他發誓假如他繼續做那份工作，他會毀了自己。於是他寫了一封悲慘的長信給他的老校長，說他心已死，不想再活下去了。老校長給了他一些安慰，並說他確實很聰明，應該得到好一點的事做，於是請他當一名老師。

這份稱讚改變了這位青年的一生，也為英國文學史留下了不朽的一頁。這位男孩持續地寫了無數本暢銷書，並賺了好幾百萬。你也許也聽說過，他叫 H. G. 威爾斯。

用讚揚來代替批評，是史金納先生的基本觀點。這位偉大的心理學家以動物和人的實驗來證實，**當批評減少而鼓勵和誇獎增多時，人所做的好事會增加，而比較不好的事會受忽視而萎縮**。

北卡羅來納州洛杉磯的約翰・林傑波夫就拿這種態度對待他的孩子。如同許多家庭一般，父母與孩子溝通的形式是吼叫。這些家庭的例子顯示，這樣子一段時期之後，孩子與父母的關係變壞了。林傑波夫決定使用在我們課堂上學的一些方法來解決這個問題。他在報告中說：「我們決定以稱讚別人來代替挑剔別人的過失，當我們看到他們做的都是負面的事情時，這非常不容易做到。要找些事情來稱讚，真的是很難。我們想辦法去找出他們值得讚美的事情，而他們以前所做的那些令人不高興的事，真的就不再發生了。接着，他們一些別的錯處也消失了，他們開始照着我們的讚許去做。居然，竟出乎常規，他們乖得連我們也不敢相信。當然，這並沒有一直持續下去，但總是比以前要好得多了。現在我們不必再像以前那樣糾正他們。孩子們做對的事要比做錯的多得多。這些全都是讚美的功勞，即使讚美他最細微的進步，也比斥責他的過失要好得多。」

這對工作來說也是一樣。凱斯・羅伯在加州木林山的公司也運用了這一原則。他的印刷廠有時需要印刷高品質的產品。但印刷工人是位新人，他不太適應他的工作。他的監督很不高興，想解僱他。

當羅伯先生知道了這個情形以後，親自到印刷廠，跟這位年輕人談了一次話。他告訴這位年輕人他剛收到新近完成的一批印刷品，覺得十分滿意，還告訴他，這是他在公司看到的最好的成品之一。他指出好在哪裏，以及那位年輕人對公司來說十分重要。這能不影響那位年輕人對工作的態度嗎？幾天以後，情況大大改觀。

他告訴他的同僚，羅伯先生非常欣賞他的成品。從那天起，他就成為一位忠誠細心的工人了。

我們都渴望被賞識和認同，而且會不惜一切去得到它。但沒有人會要不誠懇的東西。

讓我重複一遍，這本書所教的原則，**只有真心誠意才會有用**。我不是擁護詭計，也不是教你欺詐，我說的是一種新的生活方式。

談到改變人，假如你我願意激勵一個人來了解他所擁有的內在寶藏，那我們所能做的就不只是改變人了，我們是徹底地改造他。誇張嗎？聽聽威廉．詹姆斯睿智的話語吧（他是美國有史以來最有名、最傑出的心理學家）：「若與我們的潛能相比，我們只是半醒狀態。我們只用了我們的肉體和心智的極小部分而已。往大處講，每一個人離他的極限還遠得很。他擁有各種能力，但往往習慣性地未能運用它。」

在這些習慣性地未能運用的能力之中，有一種你必定沒有發揮出來，就是讚美別人、鼓勵別人，激勵人們發揮他們的潛在才華。才華會在批評下萎縮，而在激勵下綻放花朵。

因此，第六條規則就是：

用讚美去激勵他人的潛在能力。

卡耐基心得 Dale Carnegie's Tip

用讚美去激勵他人的潛在能力。

給他人一個美好的名聲

假如你想糾正某人某些不足之處，
你要看到並表示出他已經具有某方面的優點了。

沁德夫人住在紐約百利斯德路，她是我的一位朋友。她剛僱了一位女傭，告訴她下週一開始來做事，然後打電話給女傭以前的女主人，那夫人說這個女傭並不很好。週一，女傭來上班時，沁德夫人說：「林俐，昨天我打電話給你之前做事的那位善良的夫人，說起了你，她說你誠實可靠，很會做菜和照顧孩子；但她也說了，就是有時候你稍微隨便了點，總不能將房間收拾乾淨。我想她說的沒有甚麼道理吧，你穿得那麼整潔，這是誰都可以看出來的。我敢打賭，你收拾的房間也一樣整潔乾淨，同時也相信我們會相處得很好。」

果然，她們相處得不錯，林俐為了顧全自己的名聲，沁德夫人所講的她都做到了。她把屋子收拾得乾乾淨淨，寧願自己多費些時間，辛苦一些，也不想破壞沁德夫人對她本人的良好印象。

華克倫是鮑德文鐵路機車工廠總經理，他說：「假如你得到別人的敬重，而你對他的某種能力也表示出真心的尊重，一般而言，他都會願意接受指導。」

我們也可以如是說：假如你想糾正某人某些不足之處，你要看到並表示出他已經具有某方面的優點了。正如莎士比亞所說的那樣：「如果你不具備某種美德，那就假定你已經有了。」假使對方已經有你所要激發的美德，並給他一個美好的名聲，讓他去表現，他會盡自己所能，他不會使你失望，更不願意使自己感到失望的。

雷布理克在她的《我和梅托林克的生活》（*My Life with Maeterlinck*）一書中，曾講述過一個卑微的比利時女傭的驚人改變。

她寫道：

隔壁酒店裏有個女傭，人稱「洗碗女瑪麗」，每天替我端茶送飯。她那副長相真古怪，一對鬥雞眼，兩條彎曲的腿，身上瘦得沒有二兩肉，總是顯得無精打采，迷迷糊糊的。

她端着一盤麵來給我時，我坦白真誠地對她說：「瑪麗，你知不知道你有內在的財富？」

瑪麗平時好像總是極力約束自己的感情，生怕招來甚麼災禍，不敢作出一丁點高興的樣子，她把麵放到桌上後，才歎了口氣說：「夫人，我可從來不敢這樣想的。」她沒有甚麼問題，也沒有任何懷疑，只是回到她的廚房反覆思考我剛才的話，這是不是人家跟我開的玩笑？

從那天起，她自己好像也考慮到這件事了，在她心中，起了一種神奇的反應。她相信自己是看不見的隱形玫瑰；她開始注意修飾自己的容貌和身體。不久，她那原本枯萎了的身體，漸漸洋溢出青春般的氣息來。

兩個月後，當我要離開時，她突然告訴我：「我要去做人家的夫人了！我要跟廚師的侄兒結婚了！」她向我道謝，因為我那天的話使她改變了自己對人生的看法。

雷布理克只是給「洗碗女瑪麗」一個讚美，就使瑪麗本人願意與自己所接受的讚美名副其實，改變了她的一生。

利士納將軍要影響在法國的200萬美國士兵的行為時，他也使用同一個方法。哈巴德將軍是一位十分受人敬重的將軍，他告訴利士納說，照他看，在法國的200萬美國士兵是他生平接觸過的最理想、最整潔的軍隊。

這算不算過份的讚美？或許是。但關鍵是我們看利士納怎樣應用它！利士納說：「我從未忘記把哈巴德將軍所說的話如實轉告給眾士兵，我並不懷疑這話的真實性，哪怕並不真實，士兵們知道哈巴德將軍的看法後，他們也會努力去達到那個水準的。」

有一句古語這樣說：「假如不給一條狗取個好聽的名字，還不如勒死牠算了。」

不管是窮人富人，還是乞丐盜賊，**幾乎每一個人都願意竭盡其能保持別人贈予他的讚譽**，這是人類的天性。

辛辛監獄典獄長勞斯說：「假如你必須去面對一個盜賊或者騙子，只有一個辦法可以制伏他，那就是你必須待他如同一位誠摯體面的紳士。先假定他是位規規矩矩的正人君子，他會感到受寵若驚，他會很驕傲，因為他以為有人在信任他。」

這句話太重要，太好了！我們不妨再說一遍：

「假如你必須去面對一個盜賊或者騙子，只有一個辦法可以制伏他，那就是你必須待他如同一位誠摯體面的紳士。你假定他是位規規矩矩的正人君子，他會受寵若驚，他會很驕傲，因為他以為有人在信任他。」

所以，如果你想要影響一個人的行為，又不引起他的反感，記住第七條規則：

給人一個美好的名聲。

卡耐基心得 Dale Carnegie's Tip

給人一個美好的名聲。

使錯誤看起來容易改正

如果你指出孩子、丈夫，或者員工，
他在某一件事上顯得愚蠢至極無藥可救，
簡直沒有一點天賦，他所做的完全不對頭，
那你就毀滅了他想要上進的理想。

我有一個朋友，已經 40 歲，不久前才訂婚。他未婚妻勸他學習跳舞，這對他來說或許太遲了。他告訴我說：

上帝知道，我的確應該去學跳舞。因為我現在跳的舞步還跟 20 年前的一樣。我所請的第一位舞蹈老師告訴我說，我的舞步完全不對頭，必須從頭再來，使我很灰心。她說的或許是真心話，但卻令我沒心思再繼續學下去了，所以我辭掉了她。

於是請了第二個老師，她說的也許都不是真的，可我聽了覺得高興。她笑着說，我跳的舞步是有點老套了，但基本步子還是對的。她還說，我要學會幾種流行的新舞步不算難。

第一位老師，一開始就從根本上打消了我的興趣。第二位則相反，她不斷地稱讚、鼓勵，並拼命地減少我初學的擔心。她肯定地說：「你對韻律感有一種很自然的把握，你該是一位天才的舞蹈家。」可我自己知道，我只是一位不入流的舞蹈者罷了。但在我心中，我卻希望她所說的是真的。或許是我付了學費，才使她那樣說的。

但不管怎樣，我現在跳舞，要比她還未說我有一種很自然的韻律感那句話之前，明顯好多了。我很感激她，她那句話鼓勵了我，使我看到了希望，我自己也願意改進。

如果你指出孩子，或者丈夫，或者員工，他在某一件事上顯得愚蠢至極無藥可救，簡直沒有一點天賦，他所做的完全不對頭，那你就毀滅了他想要上進的理想。但是假如你運用相反的辦法，多給他鼓勵，把事情看得容易些，讓他知道，你對他有信心、**有期待，他還有尚未發展出的潛能**，那他就會付出更大的努力去爭取這個勝利。

湯姆士是人類關係學上一位偉大的藝術家。他會毫不猶豫地讚美你，給你信心，他用勇氣和堅定的信念鼓勵你。最近的週末，我同湯姆士夫婦在一起打發時間，星期六晚上，他們請我一起打橋牌。我不懂這玩意，我感覺那是一個極神秘的東西。「不，不，我不會！」我不得不跟他們這樣說。

湯姆士說：「戴爾，沒有甚麼難度。玩橋牌時，稍微動點腦筋就行了，談不上任何技巧。你不是寫過一章關於記憶術的文章嗎？所以，橋牌對你來說是一項再容易不過的小遊戲。」

這是我生平第一次坐到橋牌桌前，在我心裏，因為湯姆士說我有玩牌的天賦，才使我感覺到這種遊戲並不難。

說到橋牌，我便想起科伯遜來，這個人，但凡有橋牌的場所，沒有人不知道他的名字的。他寫的那本有關橋牌的書，已經譯成 12 個國家的文字，銷售量不下 100 萬冊。可是，他曾跟我講過他玩橋牌的起因，如果不是有一位少婦告訴他，説他有玩橋牌的稟賦，他一定不會把玩橋牌當做職業。

1922 年，他剛來到美國時，打算找一個教授哲學或是社會學的職業，可是沒有如願。

後來，他替人家推銷煤，結果失敗得一塌糊塗。

之後，他又給人家推銷咖啡，也是一無所成。

那時候，他從未想到去以教人玩橋牌為職業，他不但不精於玩牌，而且還很固執，他常找出很多問題去為難別人，惹出很多麻煩，所以誰也不喜歡跟他一起玩牌。

後來科伯遜遇到迪倫女士，一位美麗的橋牌老師，他愛上了她，後來他們結婚了。當時，迪倫注意到他能十分精確地分析手中的牌，於是説他對於橋牌有潛能。科伯遜對我説，就是由於迪倫那句話鼓勵了他，才使他後來成為職業玩家。

所以，假使你要改變他人的意志而又不觸犯人和引起他人的反感，第八條規則是：

多多鼓勵，使對方覺得改正錯誤或做某事是很容易做到的。

卡耐基心得 Dale Carnegie's Tip

多多鼓勵，使對方覺得改正錯誤或做某事是很容易做到的。

使人樂意去做

機警而處世經驗豐富的豪斯上校遵守了
人際交往中一項非常重要的規則，
那就是：「使人樂意去做你所希望的事。」

1915 年，歐洲各國互相爭戰，讓美國大為震驚；戰爭之慘烈，是人類戰爭史上極為罕見的。能不能實現和平？誰也不清楚。不過，威爾遜總統願意為和平付諸行動，他計劃差遣一名代表，一名和平特使，去跟歐洲交戰各國商議。

時任國務卿的勃雷恩，是力主和平的人，他很想為和平效勞。他敏銳地感覺到這是一次絕佳的機遇——可以完成一樁永垂不朽的偉大抱負。沒想到威爾遜總統卻另外差遣了別的人——豪斯上校。而豪斯上校是勃雷恩的好朋友，他琢磨着怎樣把這個任命告訴勃雷恩，又不傷害勃雷恩的自尊心。

豪斯上校在他的日記上是這麼寫的：「當我擔任歐洲和平特使的消息被勃雷恩知道後，他大為失望。勃雷恩告訴我，這事他原本是希望落到自己頭上的。

「我跟他說，總統覺得讓政府大員擔當此任不合時宜。如果他去了歐洲，將會導致人們過份的注目，甚至會驚訝於美國政府派來談判的怎麼是國務卿，而不是別的人。」

當中的暗示你是否看出來了？豪斯上校暗示勃雷恩國務卿，他的職位何等重要，他去擔任那項工作是極不合適的。勃雷恩當然感到滿意了。

機警而處世經驗豐富的豪斯上校遵守了人際交往中一項非常重要的規則，那就是：「使人樂意去做你所希望的事。」

威爾遜總統請麥克杜擔任他的內閣成員時，運用的同樣是這項法則，這是麥克杜自己敍述的故事：「威爾遜總統説他正在組建內閣，假如我能答應擔任財政部長一職的話，他會非常高興。他把這件事説得叫人很開心，他讓我覺得，假如我接受這項榮譽的話，那就是幫了他好大的一個忙。」

可是威爾遜總統沒有把那一種手腕繼續運用下去，如果他繼續運用了的話，歷史的演變或許就是另一個樣子了。

譬如在美國加入國際聯盟，並沒有獲得議院和共和黨贊同的事件中，威爾遜總統拒絕攜洛德、休士，以及其他有名望的共和黨黨員隨行去參加和平會議，反而只帶了兩個在黨內沒甚麼聲望的人。他一再冷落共和黨，不讓他們覺得創辦國聯是他們的意見；相反，他讓人覺得這只是他個人的意願，不需要他們插手此事。威爾遜這等草率的決定毀了他的大業，而他的身心健康也開始惡化，甚至危及生命。最終美國未能加入國際聯盟，否則此後的世界歷史將改寫。

非常著名的雙日出版公司同樣遵守這條規則。著名作家亨利說，雙日出版公司有時拒絕替他出書，但他們拒絕得謙遜得體，決不讓人產生不愉快的感覺。亨利覺得雙日出版公司雖然拒絕了自己，但比別家接受他的小說還要來得高興一些。

我有一位朋友，許多人要請他去做演講，他必須得拒絕其中的一些。但大凡來邀請他去的又都是自己的朋友，或一些很有交情的人。在這樣的情況下，他運用非常巧妙的措辭，雖然對方遭到了他拒絕，可仍然沒有感到任何不滿。

他是怎樣應付他們的呢？告訴他的朋友因為自己太忙，沒有空閒的時間？或者其他甚麼原因？不，都不是。首先他感激他們的盛情邀請，但同時又很抱歉，最後給他們推薦一位能代替他演說的人。總之，他不會讓人感到不愉快。

他這樣推薦：「為甚麼不請我的朋友洛格斯先生？他是《勃洛克林鷹報》的編輯，他的演講很棒。」「哎，有沒有想到那位伊考克先生，他在巴黎住了足足 15 年，當時他在歐洲做通訊員，相信他會有許多驚奇的東西呢。」「還有那位郎法洛先生，他收藏了很多在印度打獵的照片。」

萬特是紐約萬特印刷公司的經理，他目前面對的情況是他想改變一位技師的態度，但又不想引起他的抵觸情緒。這位技師負責管理公司的打字機和其他日夜運轉的機器。他抱怨工作時間太長，工作太多，因此提出需要一名助手。

但是你可看到，萬特先生既沒有縮短他的工時，也沒有為他找助手，就使這位技師高高興興地不再抱怨了。他是怎樣做到的呢？萬特想出的辦法十分簡單，他給技師設置了一間私人辦公室，外面掛上一塊牌子，上書「服務部主任」和他的名字。

這麼一來，他不再是被人呼來喚去的修理匠了。現在，他是部門主任，瞬間，他有了自尊、自重感，因此現在身為「服務部主任」的他十分有幹勁，不再抱怨了。

這是不是顯得很幼稚？可能吧……可是即使是偉大人物拿破崙也會這樣做。他訓練榮譽軍，給他的士兵發出 1.5 萬枚十字徽章，封他的 18 位將軍為「法國陸軍元帥」，並把自己的軍隊稱作「偉大的軍隊」，有人説他「孩子氣」，譏笑他拿破玩具給那些浴血奮戰、出生入死的老軍人。拿破崙回答説：「哈，有時候，人就是受玩具統治的。」

以名銜或權威贈予的方法，在拿破崙那兒有效，在你我這兒也同樣有效。我的朋友琴德夫人有一塊草地，被那些頑皮的孩子糟蹋得一塌糊塗，令她很苦惱。勸告和嚇唬都不管用，她終於想出一個辦法來了，她從他們之間找出一個最「壞」的孩子，並給那孩子一個頭銜，使他有一種權威感。她叫那孩子做她的「密探」，專門偵察那些侵入她草地的孩子，她這個辦法果然奏效。做她「密探」的那個孩子，在後面院子燃起一堆火，把一條鐵條燒得紅紅的，恐嚇那些孩子，誰再闖進草地，他就用燒紅的鐵條燙誰。

這是人類的天性使然。所以，想要改變他人的意志，而又不引起他的反感、抱怨的辦法，第九條規則就是：

要使人樂意去做你所希望的事。

卡耐基心得 Dale Carnegie's Tip

要使人樂意去做你所希望的事。

人性的弱點

How to Win Friends and Influence People

戴爾・卡耐基
Dale Carnegie

王媛媛　包芬芬／譯

責任編輯　陳珈悠
裝幀設計　Sands Design Workshop
排　　版　陳美連
印　　務　劉漢舉

出　　版　非凡出版
香港北角英皇道 499 號北角工業大廈 1 樓 B
電話：(852) 2137 2338　傳真：(852) 2713 8202
電子郵件：info@chunghwabook.com.hk
網址：http://www.chunghwabook.com.hk

發　　行　香港聯合書刊物流有限公司
香港新界荃灣德士古道 220-248 號
荃灣工業中心 16 樓
電話：(852) 2150 2100　傳真：(852) 2407 3062
電子郵件：info@suplogistics.com.hk

印　　刷　美雅印刷製本有限公司
香港觀塘榮業街六號海濱工業大廈四樓 A 室

版　　次　2025 年 6 月初版
2026 年 1 月第二次印刷

規　　格　32 開（208mm x 142mm）

ISBN　978-988-8913-04-6